Heinrich Fries

Leiden an der Kirche

Heinrich Fries

Leiden an der Kirche

Herder
Freiburg · Basel · Wien

Herstellung: Freiburger Graphische Betriebe 1989
ISBN 3-451-21595-0

Vorwort

In der Wochenzeitschrift „Christ in der Gegenwart" habe ich in Heft 7, 1989 einen kleinen Beitrag geschrieben: Leiden an der Kirche. Die Zeitschrift machte das Angebot eines „Artikeldienstes". Interessierte Leser konnten den Beitrag als Sonderdruck in der gewünschten Anzahl bestellen. Dieses Angebot wurde bisher 150000mal in Anspruch genommen – ein ganz ungewöhnlicher Vorgang. Offenbar war mit diesem kleinen Beitrag eine Situation getroffen, der viele zustimmen konnten.

Das veranlaßte den Verlag Herder, mich um einen weiteren Ausbau des Themas zu bitten und ein kleines Buch vorzulegen. Dieser Bitte bin ich gerne nachgekommen. Hier ist das Ergebnis.

München, Ostern 1989 *Heinrich Fries*

Inhalt

Leiden an der Kirche

Die gegenwärtige Situation in der katholischen Kirche, besonders in der Bundesrepublik Deutschland, in Europa und in Nordamerika, kann man weithin als *Leiden an der Kirche* bezeichnen. Leiden an der Kirche ist verschieden vom *Leiden mit der Kirche.* Dieses ist geboten, wo die Kirche, wo immer sie existiert, in Not, Bedrängnis und Verfolgung gerät. Hier gilt die Verpflichtung aller Christen zur Solidarität gemäß der Aussage: „Leidet ein Glied, so leiden alle Glieder mit; und kommt ein Glied zu Ehren, so freuen sich alle Glieder" (1 Kor 12,26).

Leiden an der Kirche in der Gegenwart ist nicht einfach der Schmerz darüber, daß die konkrete, geschichtlich existierende Kirche hinter der ihr gegebenen Verheißung, ihrem Auftrag und ihrem Anspruch zurückbleibt – das wird ständig der Fall sein. Darin ist auch die Tatsache begründet, daß die Kirche eine ecclesia semper reformanda ist, eine der steten Erneuerung bedürftige, aber auch fähige Kirche. Das ist eine Grundaussage des Zweiten Vatikanischen Konzils. Diese Kirche, das sind wir alle.

Leiden an der Kirche – ein Ausdruck des Glaubens, der die Kirche als Gemeinschaft der Glaubenden glaubt und sie liebt – hat darin seinen konkreten Grund, daß der innerkirchliche Zusammenhang, das Miteinander der Communio – eine im Zweiten Vatikanum ausgesprochene Grundbestimmung der Kirche – gestört ist. Anders gesagt: Das gegenwärtige Leiden an der Kirche hängt damit zusammen, daß die Kirche heute sich im Vergleich zur Kirche im Zweiten Vatikanischen Konzil in ihren maßgeblichen Instanzen und Autoritäten spürbar verändert hat und einem Zustand zusteuert, der vorkonziliar anmutet und im Bekenntnis zur Restauration, zur sogenannten guten alten Zeit, zurückzukehren bestrebt ist, einer Zeit, die keineswegs so gut war, wie sie heute oftmals gepriesen wird. Daran ändert auch nichts die Tatsache, daß von Vertretern dieser Mentalität Worte und Texte des Konzils immer wieder zitiert werden, wobei oft eine selektive Auswahl vorgenommen wird – manchmal ohne den entsprechenden Kontext oder Zusammenhang.

Kirche im Konzil

Während des Konzils gab es trotz mancher Kontroversen und unvermeidlicher Kompromisse, auch trotz der Ausklammerung wichtiger Themen und trotz mancher Eingriffe von einer „höheren Autorität“ – von einigen Kreisen abgesehen, die auf dem Konzil selbst in der Minderheit waren, die aber inzwischen mächtig erstarkt sind – kein Leiden an der Kirche. Es bereitete vielmehr Freude, ja Stolz, dieser Kirche anzugehören, die Hoffnung und Zuversicht ausstrahlte, die sich mit den Freuden und Leiden der Menschen solidarisierte, die das Evangelium nicht als Gesetz, sondern als frohe und freimachende, als menschenfreundliche Botschaft verkündete, als Antwort auf die Fragen des Menschen von heute, auf die Frage vor allem, die der Mensch selbst ist. Die Kirche des Konzils suchte und fand ein neues Verhältnis zur Welt als Schöpfung Gottes und als Haus der Menschen. Das Konzil hat auch ein neues Verhältnis zu den christlichen Konfessionen, zum Judentum, zum Geist der Neuzeit, zu den außerchristlichen Religionen gesucht und geschaffen. Sie hat für Gewissens- und Religionsfreiheit, für den Dialog und die Kooperation als Begegnungsform plädiert und damit Prinzipien aufgestellt, von denen man beim besten Willen nicht sagen kann: „Schon immer hat die Kirche ..." Gewissens- und Religionsfreiheit war in lehramtlichen Bestimmungen im letzten Jahrhundert ausdrücklich verworfen worden. Die Begründung dafür hatte gelautet: Der Irrtum hat kein Recht. Dagegen hat das Konzil geltend gemacht: Der Irrtum ist kein Rechtssubjekt, wohl aber der Mensch, auch wenn er irrt.

Während und unmittelbar nach dem Konzil gab es keine Schwierigkeit, sich mit dieser Kirche und ihrem Wort zu identifizieren. *Es gab keinen antikirchlichen und antirömischen Affekt.* Das von Papst Johannes XXIII. wahrgenommene Petrusamt erfreute sich allgemeiner Wertschätzung und Hochachtung und hatte den Weg bereitet, ein so verstandenes Papsttum und die darin offenkundige Brüderlichkeit, bei der die Macht der Liebe manifest wurde, auch außerhalb der katholischen Kirche akzeptabel zu finden. Die Öffentlichkeit der ganzen Welt hat mit großer Zustimmung und mit Respekt das Geschehen des Konzils begleitet. Der alten Kirche hatte man dieses Leben, diese ermutigende Jugendlichkeit, diese Strahlkraft, die anstekkend wirkte, nicht zugetraut. Ich erinnere mich an Mario von Galli, der beim Katholikentag in Stuttgart 1964 unter dem stürmischen Jubel der Teilnehmer ausrief: „Kirche, wie bist du jung, Kirche, wie bist du schön." Man macht sich davon heute angesichts einer radikalen und nichts verschweigenden Kirchenkritik keine Vorstellung mehr.

Für manche Katholiken heute ist das Konzil zum Datum einer fast vergessenen und überholten Vergangenheit geworden. Darüber hinaus gibt es heute nicht wenige Stimmen, die das Konzil – das bedeutendste und hoffnungsvollste Ereignis in der Geschichte der katholischen Kirche in unserem Jahrhundert – und den darin erfolgten Aufbruch herunterspielen und relativieren, ja darin eine Fehlentwicklung sehen, die es zu revidieren gelte. Statt Gaudium et spes, Freude und Hoffnung, beherrschen heute Niedergeschlagenheit, Lamento und Verdrossenheit die Szene.

Die Veränderung

Eine Veränderung in der eine Zeitlang fast ungebrochen wirkenden Zustimmung zur Kirche, ihren Weisungen und Verlautbarungen erfolgte nach meiner Meinung durch die *Enzyklika Pauls VI.*

„Humanae vitae" 1968. Sie löste bei vielen, auch loyalen Katholiken, eine Welle der Kritik aus, die es ablehnte, als einzig sittlich erlaubte Methode der Geburtenregelung die sogenannte natürliche Geburtenregelung zu akzeptieren. Papst Paul VI. hielt diese Entscheidung aufrecht gegen das Votum der von ihm selbst eingesetzten Kommission. Er tat es nach seinen Worten in der Treue zur bisherigen kirchlichen Tradition. Diese Situation hält bis zur Stunde an – einmal durch die immer wieder und bei jeder Gelegenheit und in aller Welt erfolgende Einschärfung dieser Enzyklika durch Papst Johannes Paul II., der sie fast in den Rang eines neuen Dogmas zu erheben scheint, andererseits durch die anhaltende Kritik mit dem Hinweis auf die nicht überzeugende Argumentation. Die von „Humanae vitae" geltend gemachten Weisungen werden weithin nicht nur nicht übernommen, sondern abgelehnt. Die Biologie als solche sei als Grundlage dessen, was natürlich ist und allen Lebewesen innewohnt, kein zureichendes ethisches und theologisches Kriterium. Der Mensch als Person, ausgestattet mit Vernunft und Freiheit, mit Gewissen und Verantwortung ist mehr und anders als ein nur biologisch bestimmtes Wesen. Das gilt auch für den Bereich der Sexualität.

Die bis heute zugunsten von „Humanae vitae" geltend gemachte Argumentation, die Sprache der Natur sei zugleich die Sprache der Moral – das Biologische zu achten bedeute Gott selbst zu achten und folglich seine Geschöpfe zu schützen[1], ist nicht überzeugend und deshalb nicht einsichtig zu machen. Könnte man nicht umgekehrt im praktischen Verhalten auch der loyalsten Katholiken eine Art sensus fidelium erblicken, den man nicht einfach wegschieben kann?

Peter Hünermann sagt: „Wenn eine überaus große Zahl christlich engagierter Eheleute nach sorgfältiger Information und Gewissensprüfung und unter Abwägung der Umstände empfängnisverhütende Mittel gebrauchen, so dürfte dies wohl ein Zeichen des sensus fidelium, des untrüglichen Glaubenssinnes des Volkes Gottes und nicht einfach ein Symptom einer Anpassung an den Zeitgeist und eines umfassenden Glaubensabfalls sein."[2]

Angesichts der durch „Humanae vitae" entstandenen Beunruhigung haben die Bischöfe der Bundesrepublik Deutschland, Österreichs und der Schweiz sowie der USA Erklärungen abgegeben, die die Enzyklika vor allem in ihren positiven Darlegungen nicht desavouierten, sondern begrüßten, aber für die konkrete Entscheidung der Ehepartner die verantwortete Gewissensentscheidung zur Sprache brachten. Gegenwärtig wird in der kirchlichen Öffentlichkeit der Versuch gemacht, diese Erklärungen vergessen und unwirksam zu machen. Sie wären heute auch nicht mehr möglich und denkbar. Es gibt Bestrebungen, Erklärungen wie die der deutschen Bischöfe von Königstein 1968 als verkehrt anzusehen und rückgängig zu machen.

Die gemeinsame Synode der Bistümer in der Bundesrepublik Deutschland (1971–1975) hatte sich zum Ziel gesetzt, das Zweite Vatikanische Konzil für die katholische Kirche in Deutschland zur Anwendung zu bringen und heimisch zu machen angesichts der neu entstandenen Probleme, wie sie auf dem stürmischen Katholikentag in Essen 1968 zum Ausdruck kamen. Nur mit großer Mühe konnte Kardinal Döpfner ein Grußwort des Papstes verlesen. Damals reifte der Plan, eine gemeinsame Synode der Bistümer in der Bundesrepublik Deutschland vorzubereiten und einzuberufen. Der Gedanke einer solchen Synode war durch das Konzil selbst vorgegeben, das den Gedanken vom gemeinsamen Priestertum und der Verantwortung aller Gläubigen für die Erfüllung des der Kirche überkommenen Auftrags in Erinnerung gerufen hatte und die Einheit der kirchlichen Sendung und die Teilhabe aller Glieder des Volkes Gottes an der Sendung der Kirche und am dreifachen Amt Christi zum Bewußtsein brachte. Der Würzburger Synode, zusammengesetzt aus Bischöfen, Priestern, Theologen, Ordensleuten und Laien war ein einzigartiges Kommunikationszentrum, die Erfahrung und der Austausch einer lebendigen Communio innerhalb des Volkes Gottes, die durch Dialog und Argumentation aus dem Glauben Wege zur Lösung suchte und fand. Gewiß gab es auch in der Synode ein Auf und Nieder, es gab Spannungen, die manchmal bis zur Zerreißprobe gingen, Ausdruck einer möglichen Pluralität in der Kirche. Aber das Netz zerriß nicht. Kirchliches Engagement und guter Wille wurde allen Teilnehmern zuerkannt. Das schuf eine gute Basis der Gemeinsamkeit. Auch der Kompromiß, der häufig geschlossen werden mußte, ist ein Zeichen gegenseitigen Respekts. Es ist hier nicht der Ort, die Themen und Beschlüsse dieser Synode vorzustellen. Die „offizielle Gesamtausgabe"[3] informiert darüber. Besonders eindrucksvoll ist die Grundaussage und das Bekenntnis der Synode „Unsere Hoffnung". Ein Bekenntnis zum Glauben in dieser Zeit. Sie ist in entscheidender Weise das Werk von J. B. Metz und trägt nach Form und Inhalt seine Handschrift. Die Vorlage war öfters heftig angeblich wegen ihrer Einseitigkeit umstritten, wurde aber schließlich mit großer Mehrheit verabschiedet. Es ist ein Text, der heute noch so bewegend, frisch und ermutigend ist wie in der Synode selbst.

Der Präsident der Gemeinsamen Synode, Julius Kardinal Döpfner, erklärte am Ende der letzten Vollversammlung im November 1975: „Die Synode endet – die Synode beginnt. Die wirkliche Arbeit, nämlich das, was in Würzburg beraten und beschlossen wurde, mit Geist und Leben zu erfüllen, liegt noch vor uns. Ich hoffe, daß die Veröffentlichung dieser Gesamtausgabe eine Hilfe sein wird, um Geist und Buchstaben der Synodenbeschlüsse unter der Führung des Gottesgeistes in der Kirche unseres Landes auf allen Ebenen konkrete und fruchtbare Gestalt annehmen zu lassen. Diesem Mehr an Glaube, Hoffnung und Liebe wollte die Gemeinsame Synode dienen: Von diesem Ziel muß auch die ganze nachsynodale Arbeit der praktischen Umsetzung inspiriert bleiben."[4]

Die Gemeinsame Synode in Würzburg hatte zum Ziel die Fortsetzung des Konzils und seine Inkulturation in Deutschland. Man sprach auch vom „Deutschen Konzil". Das Schlußlied der Synode hieß nicht: Ein Haus voll Glorie schauet, sondern: Wachet auf, ruft uns die Stimme.

Die Synode ist inzwischen noch mehr vergessen als das Konzil selbst. Von den großen Erwartungen hat sich kaum eine erfüllt. Ja, es ist dahin gekommen: Wer sich heute auf die Synode beruft und sie als Instanz und Orientierung der katholischen Kirche in Deutschland in Anspruch nimmt, macht sich in manchen Kreisen verdächtig, daß er nicht mehr ganz auf dem Boden der katholischen Kirche der Gegenwart stehe, daß er einer Sache nachtrauere, die schon während ihres Ablaufs mit Mißtrauen betrachtet wurde, nicht zuletzt deshalb, weil an der Abstimmung und Beschlußfassung die Synode als ganze beteiligt war als Repräsentanz des Volkes Gottes in der Bundesrepublik.

Dazu kommt, daß die von der Synode beschlossenen Voten nach Rom zum größten Teil dort abgelehnt wurden, bis auf die Gewährung der Erlaubnis, alle 10 Jahre eine Synode abhalten zu dürfen. Das war nicht sehr ermutigend und ist bisher nur als Diözesansynode wahrgenommen worden, so in der Diözese Rottenburg-Stuttgart, bei der die Würzburger Synode nicht nur erwähnt wurde; sie blieb für viele Aussagen äußerst wirksam.[5]

Das Leiden an der Kirche hat also seinen Grund in der *Diskrepanz zwischen der Kirche des Konzils* und der Synode in Würzburg und *der Kirche der Gegenwart,* zwischen dem, was war, und dem, was heute ist. Dieses Leiden kann allerdings nur der recht verstehen und ermessen, dem Konzil und Synode noch lebendig gegenwärtig sind, der mit Konzil und Synode eine grundlegende Orientierung für christliches Glauben und Leben und für die Gestalt der Kirche gefunden hat und der deshalb einen Vergleich anzustellen vermag.

Im folgenden seien einige Beispiele genannt, an denen das Leiden an der gegenwärtigen Kirche konkret wird.

Erneuerung oder Restauration?

Als Ziel des Konzils hat Papst Johannes XXIII. folgendes bestimmt: Es ist nicht Aufgabe dieses Konzils, die alten Wahrheiten des Glaubens in der alten Fassung einfach zu wiederholen und einzuschärfen – dazu bedürfe es keines Konzils –, es gehe vielmehr darum, das Evangelium zu vermitteln für die Menschen dieser Zeit, so daß die Botschaft ursprungsgetreu und situationsgemäß zugleich ist. Das ist nicht leicht und bedarf der Übersetzung gleichsam von Ufer zu Ufer, vom Einst zum Heute. Nur dadurch wird der christliche Glaube und sein Inhalt davor bewahrt, ein Überbau im Sinn einer Ideologie, eines alten Relikts oder der Verfremdung zu sein. Zugleich wird durch diese Zielbestimmung die Kontinuität des Glaubens und damit seine Identität gewährleistet. Nichts, so sagt das Bekenntnis der Synode zum Glauben in dieser Zeit, erfordert soviel Treue wie beständiger Wandel.[6]

Diese Aufgabe und Einsicht führt zur Bestimmung der Kirche als *ecclesia semper reformanda,* als Kirche, die der Erneuerung stets ebenso bedürftig wie fähig ist.

Statt Erneuerung wird heute *Restauration* gefordert: und dies nicht als unerläßliche Bemühung, das Unverzichtbare in Glaube und Kirche zu bewahren, sondern als Rückkehr in einen geschichtlichen Zustand der Kirche, da die Kirche angeblich in sich beruhigt und gefestigt war, da sie für alle Probleme eine entsprechende und klare Antwort hatte, nach der sich die Gemeinschaft der katholischen Gläubigen richtete, die ihrerseits eine solche Antwort erwartete. Die Kirche verstand sich früher als unerschütterlicher Fels in der Brandung der Zeit, als weithin leuchtendes Zeichen für alle Völker. Wie das Erste Vatikanum über die Kirche sprach, geht aus folgendem Text hervor: „Nur die katholische Kirche trägt alle die vielen wunderbaren Zeichen, die Gott gegeben hat, auf daß die Glaubwürdigkeit der christlichen Lehre hell aufleuchte. Ja, schon durch sich selbst ist die Kirche ein großer steter Beweggrund der Glaubwürdigkeit und ein unwiderlegliches Zeugnis ihrer göttlichen Sendung, kraft ihrer wunderbaren Fortpflanzung, ihrer hervorragenden Heiligkeit und unerschöpflichen Fruchtbarkeit in allem Guten, in ihrer katholischen Einheit und unbesiegbaren Beständigkeit. Daher kommt es, daß sie wie ein Zeichen ist, das aufgerichtet unter den Völkern (Is 11, 12), die zu sich lädt, die noch nicht glauben, ihren Kindern aber die festgegründete Sicherheit schenkt, daß ihr Glaube, den sie bekennen, auf sicherster Grundlage aufruht."[7]

Hier kommt ein ekklesiologischer Triumphalismus zur Sprache, der heute peinlich und wie ein Fremdkörper wirkt. Eine Restauration nach diesem Muster ist allerdings schlechterdings unmöglich. Früher hatte man, so sagt man heute, den Mut, sich abzugrenzen, von Häresie und Schisma zu sprechen, Irrtümer und Fehlentwicklungen zu benennen und zu verurteilen, eventuell zu bestrafen. Man wußte, was katholisch war. Nur so, meint man, auch die Einheit der katholischen Kirche in Gegenwart und Zukunft zu bewahren. Dies sei, so fügt man hinzu, um so eher zu erreichen, je mehr die Einheit als umfassende Einheitlichkeit, als Uniformität wahrgenommen wird, je mehr diese Einheit vom Prinzip der Einheit, die im Petrusamt gesehen und von dort gesteuert wird, bestimmt wird, je mehr die Fenster und Türen der Kirche gegenüber der Zugluft von außen geschlossen werden. Das geschieht heute.

Ein Prinzip des Konzils hieß: *Aggiornamento.* Das bedeutet nicht Anpassung an die jeweilige Zeit und den entsprechenden Zeitgeist, das wäre Konformismus, Aggiornamento heißt: Heutig-werden des Glaubens. Dies beinhaltet ein Achten auf die Zeichen der Zeit, die, wie das Konzil erklärt, ein theologischer Ort sind, die im Licht des Evangeliums gedeutet werden können und sollen. Die Glaubensinhalte sollen vermittelt werden mit der Wirklichkeit der Welt und mit den Erfahrungen des Menschen, mit seinen Denk- und Verstehenskategorien, mit seinem Fragen und Suchen. Antworten, denen keine Fragen zugrunde liegen oder die nicht gefragt sind, gehen ins Leere, auch wenn sie noch so richtig sein mögen.

In der Gegenwart zeigt sich die Tendenz, die Wahrheiten des Glaubens primär in der Artikulation von formulierten Glaubenssätzen und gesetzlichen Normen vorzulegen und die Orthodoxie, die wahre Lehre, zum Maßstab des Glaubens im Ganzen und überhaupt zu machen. Man meint, die Vermittlung und Weitergabe des Glaubens am besten durch Katechismen und das darin aufbewahrte Wissen im Glauben zu gewährleisten. Dabei wird auf die inhaltliche, die materiale Vollständigkeit der Glaubenslehre besonderer Wert gelegt. Die wichtige Konzilsaussage über die Hierarchie, die Rangordnung der Wahrheiten hinsichtlich ihres Fundaments und ihrer verschiedenen Heilsbedeutung, die dem Glauben Profil gibt, tritt demgegenüber zurück. Das gleiche gilt von der im Konzil ausgesprochenen Grundstruktur des Glaubens als Überantwortung des ganzen Menschen an Gott in Freiheit (Dei Verbum), das gleiche gilt von dem in der gegenwärtigen Theologie beobachtbaren Übergang des Glaubens vom Wissen- zum Erfahrungsglauben, vom Satz- zum Vertrauensglauben, vom Gehorsams- zum Verstehensglauben.[8]

Im Dienst der Glaubenslehre der Orthodoxie sollen die verschiedenen neuen *Katechismen* stehen, die im angestrebten Weltkatechismus Symbol der Einheit als Einheitlichkeit ihre Krönung finden sollen. Dem gleichen Ziel dient die neueste römische Verfügung: Seit dem 1. März 1989 hat Papst Johannes Paul II. den katholischen Geistlichen sowie den in Lehre und Seelsorge tätigen Laien bei Amtsübernahme einen besonderen Treueid, eine neue professio fidei vorgeschrieben. Sie tritt an die Stelle des seit 1967 aufgehobenen Antimodernisteneides von 1910[9] und enthält die Verpflichtung, in Wort und Tat der Lehre der Kirche zu folgen, ihre Gesetze zu beachten sowie den Bischöfen und dem authentischen Lehramt gehorsam zu sein. Dieser neue Eid soll der Einheit des Glaubens und der Einheit im Glauben dienen. Ob er diese Erwartungen erfüllt, erfüllen kann, bleibt der Zukunft überlassen. Zweifel sind erlaubt.

Nun soll kein Wort dagegen gesagt sein, daß es für den Glauben und seine Weitergabe entscheidend darauf ankommt, um diesen Glauben inhaltlich zu wissen und ihn zu verstehen. Der Glaube selbst verlangt nach Einsicht und Verstehen gemäß dem im Johannesevangelium vielfach bezeugten Zusammenhang von Glauben und Erkennen, gemäß dem klassischen Prinzip der Theologie: Fides quaerens intellectum – der Glaube verlangt um seiner selbst willen nach Einsicht und Verständnis. So wird er vor Mißverständnissen und Verfremdungen bewahrt. Aber wichtiger als die Kraft, die aus der Wahrheit des Glaubens und der christlichen Lehre kommt, ist das *Zeugnis eines Lebens aus dem Glauben* als Zeugnis der Früchte des Glaubens, vor allem in der Form der Nachfolge Jesu und deren Aufgipfelung in den Taten einer radikalen und selbstlosen Liebe, besonders im Dienst der ärmsten Menschengeschwister. Auch wenn es schon oft gesagt wurde – es bleibt wahr: das Wirken von Mutter Teresa in Kalkutta, ihr selbstloser Dienst an den Sterbenden, die keinen Menschen haben, die durch sie gelebte Orthopraxie, der stille Dienst ungezählter Christen im Dienst kranker, leidender, alter, einsamer Menschen hat bis heute für die Vermittlung des christlichen Glaubens in der Kirche mehr gewirkt als noch so viele Predigten, Unterweisungen oder Theologien. Unwillkürlich fragen die Menschen, wie kommt ein Mensch dazu, so wie diese Menschen zu handeln? Ebenso überzeugend ist die Strahlkraft, die von manchen Kirchen der Dritten Welt, vor allem von den dortigen Basisgemeinden ausgeht. Wenn nach einem bekannten Wort die Menschen die einzige Bibel sind, die heute noch gelesen wird, dann ermißt man, wieviel vom Zeugnis des christlichen Lebens abhängt. Das gilt auch für eine Kirche als einer Gemeinschaft des Glaubens und der Glaubenden, wenn sie wie heute zum *Anwalt des Menschen* wird, seiner Rechte und Würde, wenn sie sich zur Stimme der Stimmlosen macht und sich einsetzt für Gerechtigkeit und Frieden, zur Überwindung von Terror und Gewalt und gegen Strukturen, die es unmöglich machen, ein menschliches Leben in Freiheit zu verwirklichen, wenn sie in totalitären Staaten und Systemen der Ort der Freiheit ist. Hier besteht kein Grund zum Leiden an der gegenwärtigen Kirche. Hier wird sie glaubwürdig für sich selbst und für die ganze Welt. Eine solche Intervention wird um so überzeugender, je mehr die Kirche in sich selbst diesen Ansprüchen und Forderungen gerecht wird.

„Ismen" oder der konkrete Mensch?

Ein Merkmal des Zweiten Vatikanums war die Zuwendung zum konkreten Menschen, der immer noch mehr ist als der Träger irgendeines „Ismus". Die Konzilien der Neuzeit, das Konzil von Trient und das Erste Vatikanum, waren Konzilien gegen die vielen Formen der so genannten glaubens- und kirchenfeindlichen Ismen: Protestantismus, Atheismus, Pantheismus, Agnostizismus, Materialismus, Kommunismus. Die Menschen wurden innerhalb dieser Systeme angesiedelt, damit mehr oder weniger identifiziert und entsprechend beurteilt, was meistens zur Verurteilung führte. Das Zweite Vatikanum, das bewußt kein Dogma formuliert hat, wollte ein *pastorales Konzil* sein, ein Konzil mit seelsorgerlichen Absichten. Früher sah sich die Kirche von einem Umfeld weltweiter und vielfältiger

Gegnerschaft umstellt und zog sich in sich selbst zurück zur Abwehr, zur inneren Befestigung und zur Verteidigung. Das Zweite Vatikanum hat die gegenwärtige Situation weder verharmlost noch verklärt, aber es hat im Unterschied zu früher vor allem den konkreten Menschen dieser Zeit vor Augen, es war ein „Konzil für". Es hat zum Beispiel das Phänomen des Atheismus sehr differenziert behandelt. Es hat nach Formen und Gestalten des Atheismus und nach den möglicherweise sehr verschiedenen Motiven gefragt[10]. Atheismus kann, so hat einmal Karl Rahner formuliert, eine in eine Antwort gekleidete Frage sein, und die Frage meine: Wo bleibst Du, Gott? Auch die Christen und die Kirchen haben nach den Worten des Konzils am Entstehen des Atheismus Schuld.

Die Kirche aber – das ist das Rezept des Konzils – lädt „schlicht ein, das Evangelium Jesu Christi unbefangen zu würdigen". Dabei ist das Konzil überzeugt, daß die Botschaft des Glaubens dem tiefsten Verlangen des menschlichen Herzens entspricht und daß der Mensch prinzipiell für die Botschaft des Glaubens und das Wort Jesu Christi auch heute offen ist, wenn deren Vermittlung gelingt.

Heute gewinnt man in den Bestimmungen und Maßnahmen der kirchlichen Autoritäten den Eindruck, daß die Prinzipien und Grundsätze, so unverzichtbar sie sind, wichtiger sind als der konkrete Mensch in seiner konkreten Situation. Das zeigt sich beispielsweise in der Frage der Zulassung schuldlos Geschiedener und Wiederverheirateter zu den Sakramenten, in der Behandlung von aus dem Amt ausgeschiedenen Priestern, deren Motive oft sehr verschieden sind, das zeigt sich im generellen Verbot der Abendmahlsgemeinschaft und der Laienpredigt während der Eucharistiefeier, das zeigt sich neuerdings in der Unnachgiebigkeit des Papstes in der Frage der Empfängnisverhütung. Seine jüngste Äußerung ging dahin, die Berufung der Gläubigen auf ihr Gewissen sei zurückzuweisen, maßgeblich sei allein die Zuständigkeit des Lehramts in dieser Frage. Die von ihm aufgestellte sittliche Norm „läßt keine Ausnahme zu und kann durch keine Umstände außer Kraft gesetzt werden" (Ansprache vom 12. November 1988).

Diese Aussage fällt nicht unter die Kategorie eines unfehlbaren Lehramts päpstlicher Entscheidungen.

Das berühmte und äußerst umstrittene Buch von Hans Küng „Unfehlbar? Eine Anfrage" [11] hatte als Ausgangspunkt die Enzyklika „Humanae vitae" genommen. Diese Position wurde von kirchenamtlicher Seite wie von der katholischen Theologie mit Recht zurückgewiesen, weil die Enzyklika selbst nicht unter die Kategorie „unfehlbar" einzureihen sei. Wenn man sich die gegenwärtigen Äußerungen des päpstlichen Lehramtes hinsichtlich der Geltung und Bedeutung von „Humanae vitae" vergegenwärtigt – es werden keine Ausnahmen zugelassen und die Berufung auf das Gewissen wird zurückgewiesen –, so muß man P. Hünermann recht geben. Er nennt es „geradezu gespenstisch, wie weit Rom auf das von Hans Küng unterstellte Verständnis eingegangen ist"[12].

Mit der Aussage des Papstes über das *Gewissen* kann nur eine sehr oberflächliche, allerdings weitverbreitete Vorstellung von Gewissen gemeint sein, die Einstellung eines Katholiken, der sich überhaupt nicht um die Äußerungen des kirchlichen Lehramts kümmert, sondern die Berufung auf das Gewissen als Alibi für seine Willkür benützt. Aber man darf vom Mißbrauch nicht auf den begründeten und verantworteten Gebrauch des Gewissens schließen. Das Gewissen ist keine leere Tafel, die erst beschrieben werden muß, es vermittelt ein Wissen um Gut und Bös, Recht und Unrecht und ist zugleich ein kategorischer Imperativ, das Gute zu tun. Das Gewissen ist nach der vollbrachten Tat ein unbestechlicher Richter. Nach Paulus ist das von Gott an Israel durch Mose gegebene Gesetz in die Herzen der Menschen geschrieben, die das Gesetz nicht kennen, „so daß sie von Natur aus tun, was das Gesetz will" (Röm 2, 14). So kann man sagen: Das Gewissen als Ruf und Gehör ist in mir und kommt zugleich über mich. Auch hier gilt: Der mögliche Mißbrauch des Gewissens hebt seine Bedeutung und Maßgeblichkeit nicht auf.

Die Aussagen des kirchlichen Lehramts sind ein wichtiges, aber nicht das einzige Element für die Bildung und die Entscheidung des Gewissens, aber sie sind kein Ersatz des Gewissens selbst. Bei derselben Gelegenheit hat Papst Johannes Paul II. gesagt: „Das Gewissen ist in der Tat der Ort, an dem der

Mensch von einem Licht erleuchtet wird, das nicht von seiner Vernunft herrührt, die geschaffen und immer fehlbar ist, sondern von der Weisheit des Wortes selbst, in dem alles geschaffen worden ist. Das Gewissen ist die verborgenste Mitte und das Heiligtum im Menschen, wo er allein ist mit Gott, dessen Stimme in diesem seinem Innersten widerhallt." Das ist schwer vereinbar mit der Aussage des Papstes, daß es in der Frage der Empfängnisverhütung keine Berufung auf das Gewissen und also keine Ausnahme gebe.

Newmans berühmtes Wort: „Zuerst das Gewissen, dann der Papst" [13] will die beiden Größen nicht gegeneinander ausspielen oder in Gegensatz zueinander bringen, sondern eine innere Zuordnung aussprechen, aber zugleich klar machen, daß es eine letzte Verbindlichkeit und einen Primat des Gewissens gibt, dem zu folgen ist, selbst wenn es objektiv gesehen als irriges Gewissen zu bezeichnen wäre. Das ist eine Tradition der kirchlichen Lehre, die schon Paulus formuliert hat (Röm 14,25), die bei Thomas von Aquin und John Henry Newman ausdrücklich wiederholt wird und die im Zweiten Vatikanischen Konzil proklamiert wurde. Newman meint: „Spräche der Papst gegen das Gewissen, so würde er sich den Boden wegziehen, auf dem er steht." [14]

An diesen jüngsten Äußerungen des Lehramts wird deutlich, daß heute an die Stelle des im Konzil empfohlenen Dialogs und der Kommunikation auch zwischen Lehramt und Theologie, der *Monolog* und *die Pflicht zum Gehorsam* getreten ist, daß als höchste Tugend des Katholiken die strikte Befolgung der lehramtlichen Weisungen angesehen wird, zugleich als Maß der Kirchlichkeit. Das alles ist um so problematischer, als aus der Offenbarung selbst, die der Kirche und ihrer Autorität anvertraut ist, für die konkrete Frage der erst in unserer Zeit akut gewordenen Probleme wie die der Geburtenregelung nichts zu entnehmen ist. Diese Frage kann deshalb nicht in den Rang einer Offenbarungswahrheit erhoben werden. Wie problematisch die Berufung auf die Natur des Menschen ist, wird deutlich, wenn die Natur rein biologisch verstanden wird. Damit wird übersehen, daß die Natur des Menschen durch Verstand, Willen und Entscheidungsfreiheit bestimmt wird und damit einen größeren Raum der Freiheit gewinnt, als es die Determination durch die Biologie allein zuläßt. Unsere jetzige Existenz, Kultur und Zivilisation, die Errungenschaften der gegenwärtigen Medizin beruhen auf vielfältigsten Eingriffen in die Natur und ihre Indienststellung für den Menschen.

Zu welchen Konsequenzen die Berufung auf die Natur des Menschen führen kann, zeigt das im letzten Jahrhundert ausgesprochene Verbot der Pokkenschutzimpfung als Eingriff in die Vorsehung Gottes.

Es ist indes keineswegs so, daß die *Autorität* als solche heute generell abgelehnt wird. Sie wird akzeptiert und sogar dankbar angenommen, wenn sie argumentativ, aus Gründen und Einsichten des Glaubens überzeugt und sich als kompetent erweist. Wenn und wo aber die Autorität nur auf sich selbst pocht und beruft und weitere Fragen und Diskussionen verbietet, stoßen ihre Weisungen auf Widerspruch, sie werden nicht übernommen zum großen Schaden der Autorität selbst. Dadurch entsteht jene Polarisation in der Kirche, die heute vielfach beklagt wird. Bernhard Häring sprach von einem heute manifest gewordenen psychologischen Schisma; auf der einen Seite der Triumphgesang der Intransigenten, auf der anderen Seite Zorn, Mißtrauen, antirömischer Affekt und als Ergebnis die Distanzierung vieler von der Kirche und der Abschied von ihr. Zu all dem kommt ein Klima der Verketzerung, der Anfeindung und der Denunziation, das die noch vorhandenen Reste an Vertrauen vollends zu zerstören droht. Das ganze führt zu Selbstzerstörung der Autorität. „Die Verantwortlichen in der Kirche selbst zerstören ihre Autorität. Durch ihr Handeln oder Nichthandeln bewirken sie, daß das Vertrauen schwindet und damit die Voraussetzungen, die allein Anerkennung und Gefolgschaft sichern könnten. Daher nützen Aufforderungen zum Gehorsam oder sonstige Versuche zur Disziplin überhaupt nichts. Sie verschärfen nur die Probleme und tragen dazu bei, daß sich immer mehr Menschen von der Kirche in ihrer derzeitigen Verfassung abwenden."[15]

Der Primat des Papstes und das Kollegium der Bischöfe

Das Zweite Vatikanische Konzil hat – in Ergänzung des Ersten Vatikanums, das nur die Lehre vom Primat des Papstes und von der Unfehlbarkeit seines außerordentlichen Lehramtes definiert hatte – die Lehre vom Bischof, vom Bischofskollegium und die Bedeutung der Ortskirchen, d. h. der Diözesen, aber auch der Kirche am Ort beschrieben, ohne die Entscheidungen des Ersten Vatikanums irgendwie einzuschränken. Allerdings hatte bereits das Erste Vatikanum auch erklärt, daß der Primat des Papstes dem Amt und der Autorität der Bischöfe als Nachfolger der Apostel keinen Eintrag tue, daß es vielmehr eine Aufgabe des Papstes sei, Amt und Autorität des Bischofs zu stärken.[16]

Bismarck, wie auch der englische Premierminister Gladstone, hat die Entscheidung des Ersten Vatikanums so interpretiert: „Die bischöfliche Jurisdiction ist in der päpstlichen aufgegangen." „Der Papst ... ist im Princip an die Stelle jedes einzelnen Bischofs getreten und es hängt nur von ihm ab, sich auch in der Praxis in jedem einzelnen Augenblicke an die Stelle desselben gegenüber den Regierungen zu setzen." „Die Bischöfe sind nur noch seine

Werkzeuge, seine Beamten ohne eigene Verantwortlichkeit"; „sie sind den Regierungen gegenüber Beamte eines fremden Souveräns geworden, und zwar eines Souveräns, der vermöge seiner Unfehlbarkeit ein vollkommen absoluter ist, mehr als irgend ein absoluter Monarch der Welt." [17]

Dagegen erklärten die deutschen Bischöfe in einer Kollektiverklärung vom Februar 1875: „Alle diese Sätze entbehren der Begründung und stehen mit dem Wortlaute wie dem richtigen, durch den Papst, den Episkopat und die Vertreter der katholischen Wissenschaft wiederholt erklärten Sinn der Beschlüsse des Vaticanischen Concils entschieden im Widerspruch."

„Die Beschlüsse des Vaticanischen Concils bieten ferner keinen Schatten von Grund zu der Behauptung, es sei der Papst durch dieselben ein absoluter Souverän geworden, und zwar vermöge seiner Unfehlbarkeit ein ‚vollkommen absoluter, mehr als irgendein absoluter Monarch in der Welt'. Zunächst ist das Gebiet, auf welches sich die kirchliche Gewalt des Papstes bezieht, wesentlich verschieden von demjenigen, worauf sich die weltliche Souveränität des Monarchen bezieht; auch wird die volle Souveränität des Landesfürsten auf *staatlichem* Gebiete von Katholiken nirgends bestritten. Aber abgesehen hiervon kann die Bezeichnung eines absoluten Monarchen auch in Beziehung auf *kirchliche* Angelegenheiten auf den Papst nicht angewendet werden, weil derselbe unter dem göttlichen Rechte steht und an die von Christus für seine Kirche getroffenen Anordnungen gebunden ist. Er kann die der Kirche von ihrem göttlichen Stifter gegebene Verfassung nicht ändern wie der weltliche Gesetzgeber eine Staatsverfassung ändern kann. Die Kirchenverfassung beruht in allen wesentlichen Punkten auf göttlicher Anordnung und ist jeder menschlichen Willkür entzogen.

Kraft derselben göttlichen Einsetzung, worauf das Papsttum beruht, besteht auch der Episkopat; auch er hat seine Rechte und Pflichten vermöge der von Gott selbst getroffenen Anordnung, welche zu ändern der Papst weder das Recht noch die Macht hat. Es ist also ein völliges Missverständnis der Vaticanischen Beschlüsse, wenn man glaubt, durch dieselben sei ‚die bischöfliche Jurisdiction in der päpstlichen aufgegangen', der Papst sei ‚im Princip an die Stelle jedes einzelnen Bischofs getreten', die Bischöfe seien nur noch ‚Werkzeuge des Papstes, seine Beamten ohne eigene Verantwortlichkeit' ... Was insbesondere die [letztere] Behauptung betrifft, ... so können wir dieselbe nur mit aller Entschiedenheit zurückweisen; es ist wahrlich nicht die katholische Kirche, in welcher der unsittliche und despotische Grundsatz, der Befehl des Obern entbinde unbedingt von der eigenen Verantwortlichkeit, Aufnahme gefunden hat.

Die Ansicht endlich, als sei der Papst ‚vermöge seiner Unfehlbarkeit ein vollkommen absoluter Souverän', beruht auf einem durchaus irrigen Begriff von dem Dogma der päpstlichen Unfehlbarkeit. Wie das Vaticanische Concil es mit klaren und deutlichen Worten ausgesprochen hat und die Natur der Sache von selbst ergibt, bezieht sich dieselbe lediglich auf eine Eigenschaft des höchsten päpstlichen *Lehramts:* dieses erstreckt sich genau auf dasselbe Gebiet wie das unfehlbare Lehramt der Kirche überhaupt und ist an den Inhalt der Hl. Schrift und der Überlieferung sowie an die bereits von dem kirchlichen Lehramt gegebenen Lehrentscheidungen gebunden. Hinsichtlich der Regierungshandlungen des Papstes ist dadurch nicht das Mindeste geändert worden." [18]

Papst Pius IX. hat diese Erklärung der Deutschen Bischöfe voll und ganz als richtige Interpretation gebilligt.

Die katholische Kirche ist *heute wieder Papstkirche* geworden, intensiver als je zuvor. Der im Ersten Vatikanum definierte Primat des Papstes und seiner Unfehlbarkeit ex cathedra wird in einer extensiven, durch nichts eingeschränkten Weise wahrgenommen und auf alle Bereiche ausgedehnt. Die Bischofssynoden als Repräsentanz der Kollegialität der Bischöfe haben nur beratenden Charakter – was daraus wird, ist ganz in das Ermessen des Papstes gelegt. Er hat davon in dem nachsynodalen apostolischen Schreiben „Christifideles laici" Gebrauch gemacht (30. Dezember 1988). Die Bischofskonferenzen der verschiedenen Länder haben als solche ebenfalls keine Entscheidungsbefugnis, sie sind ein beratendes Gremium für den einzelnen Bischof, der davon beliebig Gebrauch machen kann. Wir erleben heute in der ganzen Kirche einen von

Rom ausgehenden *Zentralismus und Dirigismus,* der so gut wie alles in der Kirche in seine Regie nimmt und von Rom aus entscheidet. Einheit in – auch legitimer – Vielfalt wird als Gefahr angesehen.

Die im Zweiten Vatikanum hervorgehobene *Communio-Struktur* der Kirche wird durch diese Praxis so gut wie zugedeckt. Communio aber braucht *Kommunikation,* Dialog und Mitwirkung, sonst wird sie unglaubwürdig. Die gegenwärtige Auffassung und Praxis des Papsttums läßt sich, ökumenisch gesehen, nicht mehr vermitteln. Alle Bemühungen von nichtkatholischen Theologen, einen Zugang zum Papsttum als Petrusdienst zu finden und in ihm ein Zeichen und Werkzeug der Einheit in Wahrheit und Liebe zu sehen, wie es bei Papst Johannes XXIII. der Fall war, werden durch die neue Praxis behindert.

Das beschriebene Verhalten wird nirgends so eklatant wie in der gegenwärtigen *Praxis der Bischofsernennungen* in der ganzen Welt, die eine entscheidende Schlüsselposition in der Kirche einnehmen. Diese werden weithin unter Umgehung des Prinzips der Communio, der Kollegialität der Bischöfe und der Ortskirche vom Papst und von der Kurie allein wahrgenommen. Die Beispiele in Holland, in Österreich, in der Schweiz und in der Bundesrepublik, aber auch in den Kirchen der Dritten Welt dokumentieren dies vor aller Öffentlichkeit.

Der Codex Iuris Canonici, can. 377 erklärt: „Der Papst ernennt die Bischöfe frei oder bestätigt die rechtmäßig Gewählten." Dabei ergibt sich die Frage: Wer sind die rechtmäßig Gewählten?

Dazu gibt es in der Geschichte viele Modelle. Früher wurde der Bischof vom Klerus und vom Volk gewählt. Papst Leo I. (440–461) stellte den Grundsatz auf: Wer allen vorstehen will, muß von allen gewählt werden.

Im Lauf der Geschichte war die Frage der Bischofswahl und Bischofsernennung oftmals ein Streit zwischen weltlicher und geistlicher Macht in der Kirche, zumal viele Bischöfe auch weltliche Herrscher waren. In der Zeit, da Fürsten und Könige die Wahl oft nach ihren Interessen entschieden, empfand man es als Befreiung, daß der Papst im Namen der Freiheit der Kirche die Ernennung der Bischöfe in seine eigene Kompetenz übernahm.

Doch diese Zustände bestehen heute in der freien Welt nicht mehr. In der Neuzeit gibt es Regelungen, die in Konkordaten einvernehmlich festgelegt sind. Gegenwärtig hat man aber den Eindruck, daß solche Bestimmungen mehr und mehr als Behinderung angesehen und deshalb zurückgedrängt werden zugunsten der uneingeschränkten freien Entscheidung des Papstes. Gewiß ist die hier genannte Freiheit unverzichtbar als Freiheit der Kirche gegenüber Einmischungen staatlicher Instanzen, etwa in totalitären, kirchenfeindlichen Regimen. Aber dieser Einwand kann nicht geltend gemacht werden gegenüber demokratischen Staaten, die die Freiheit und Selbständigkeit der Kirche anerkennen und darüber hinaus der Kirche viele Privilegien und Hilfen einräumen.

Formaljuristisch kann Rom darauf hinweisen, daß es z. B. für Köln und für Salzburg eine Liste vorgelegt habe, aus der das Domkapitel einen Kandidaten wählen konnte, eine Liste allerdings, die die vom Kölner Domkapitel eingereichte Liste völlig überging und ganz neue Namen präsentierte. So blieb die freie Wahl höchst problematisch. Unterbleibt die Wahl aus dieser Liste, dann falle, so sagt man, die Ernennung dem Papst als höchster Instanz zu. Von Konkordatsbruch könne deshalb keine Rede sein. Aber diese formaljuristische Korrektheit übersieht, daß es bei der Ernennung eines Bischofs vor allem darum geht, daß der Mann gewählt wird, der die besten Voraussetzungen für die Übernahme eines Bischofsamtes besitzt, der die Ortskirche kennt, um ihre Aufgabe, Möglichkeiten und Probleme weiß und der vom Volk begrüßt und angenommen wird. Delegationen aus Salzburg, die in diesem Sinn in Rom vorstellig wurden und um ein Gespräch baten, wurden nicht einmal empfangen.

Wenn aber von Rom aus mit Veränderung des Wahlrechts noch während des Wahlvorgangs ein Bischof ernannt wird, der bis dahin keinerlei Beziehung zu der betreffenden Ortskirche hatte, dann ist das ein Schaden für die Kirche überhaupt, die in und aus Ortskirchen besteht. Das in Rom in Anspruch genommene Kriterium für eine Bischofsernennung ist gegenwärtig die völlige Konformität des Kandidaten mit der in Rom geltenden Praxis.

Seine oberste Tugend ist der uneingeschränkte Gehorsam gegen Rom, zumal in der Frage von „Humanae vitae". Hans Maier, lange Jahre Präsident des Zentralkomitees der Deutschen Katholiken, sprach jüngst von einem Flurschaden, der durch die jetzige Praxis der Bischofsernennungen angerichtet wurde.

Ein ähnlicher Zentralismus und Dirigismus zeigt sich bei der *Berufung von Professoren der Theologie.* Sie bedürfen jetzt – das war früher nie der Fall – des von Rom zu erteilenden „Nihil obstat"; wo dieses ausbleibt, ist eine Berufung auch von seiten des Staates nicht möglich. Das bedeutet aber zweifellos ein Mißtrauensvotum gegen die Ortskirchen.

Es ist schwer verständlich, daß die Bischöfe ihre Kompetenz und Funktion bei der Berufung von Professoren aus der Hand gegeben haben.

In diesem Zusammenhang ist noch auf folgendes hinzuweisen. Im Fall *Lefebvre* hat Rom eine Geduld geübt und ein Entgegenkommen gezeigt, die bis zur äußersten, kaum noch vertretbaren Grenze gingen. Daß Lefebvre trotzdem den Bruch mit Rom vollzog, ist fast tragisch zu nennen.

Gegenüber Professoren der Theologie, die Konzil und Kirche ausdrücklich bejahen, die manchmal einige vielleicht kühne, aber zur Diskussion anstehende Thesen oder Hypothesen aufstellen, werden ganz andere Maßnahmen ergriffen. Sie verlieren ihren Lehrstuhl, über sie wird ein Rede- oder Schreibverbot verhängt oder ein Bußschweigen ausgesprochen, sie werden wie zur Zeit des Modernismus zu Gehorsam und Unterwerfung verpflichtet.

Der Vorwurf „Modernismus" geht neuerdings ebenso um wie das Gespenst der Modernistenjagd. Dabei fehlt es nicht an Mitarbeitern und Lieferanten. In manchen Vorlesungen der Professoren sitzen Aufpasser, die Meldung erstatten.

Die Ökumene

Das Zweite Vatikanum war ein ökumenisches Konzil nicht nur im Sinn des katholischen Kirchenrechts, sondern insofern, als sich das Konzil das Anliegen der Ökumene zu eigen machte: die Betroffenheit über die Spaltung der Kirchen und die Bemühung, den Trennungen ein Ende zu setzen. Im großen Unterschied zu früheren Denk- und Verhaltensweisen hat sich die katholische Kirche, die zuvor jeden ökumenischen Kontakt verdächtigte, verwarf und verbot, in die ökumenische Bewegung eingebracht aus dem sicheren Bewußtsein, daß die fortdauernde Spaltung ein wachsendes Ärgernis vor der Welt ist, das darüber hinaus die Botschaft des Evangeliums unglaubwürdig macht. Den Weg zur Einheit der Christen erblickte das Konzil in der Erneuerung der Kirche, deren Orientierungspunkte das Evangelium und die Besinnung auf die Sendung der Kirche sein sollten. Reform, Reformation waren einst das Programm, das im 16. Jahrhundert zur Trennung der Kirchen und der Christen im Abendland führte; sie sind heute der Weg zur Einheit durch Einigung. Man entdeckte auch mehr und mehr, daß die Gemeinsamkeit zwischen den Kirchen größer ist und tiefer reicht als die Verschiedenheit, bei der man überdies heute die Reflexion anbringt, ob diese Verschiedenheit für immer kirchentrennend sein muß oder ob sie ein Baustein im Konzept einer versöhnten Verschiedenheit sein kann. In dieser Thematik bewegen sich die ökumenischen Dialoge der Gegenwart in den verschiedenen Ebenen und Bereichen [19]. Darüber hinaus überlegte das Konzil und mehr noch die Würzburger Synode, was man gemeinsam tun könne im Bereich des Gebetes und des Gottesdienstes, auf dem Gebiet der Unterweisung und Bildung, vor allem im Bereich der Diakonie und der Caritas. Es ist oft mehr, als wir wissen, und mehr, als was wir vollbringen können.

Die Ökumene ist zu einer *Chance und Herausforderung* der ganzen Christenheit geworden. Sie kann nicht mehr ungeschehen gemacht werden. Die Ökumene geht weiter, wenn auch nicht mehr in dem stürmischen Aufbruch im und während des Konzils. Aber der Alltag ist die Bewährung des Konzils.

Man muß auch sagen: In der nachkonziliaren Zeit ist ökumenisch mehr erreicht worden als zuvor in Jahrhunderten. Was heute selbstverständlich ist, ist in der Zeit vor 30 Jahren noch unvorstellbar gewesen. Daran muß man denken, um die ökumenische Situation der Gegenwart zu würdigen und in ihr einen Grund zu weiterer Hoffnung zu erkennen im Blick auf die Fragen, die noch nicht aufgearbeitet sind und deren es immer weniger werden. Zur Resignation besteht kein Anlaß.

In der Gegenwart haben wir einen *Ökumenismus der beschwörenden Worte,* wie er intensiver kaum gedacht werden kann. Als Beispiel sei das Wort von Papst Johannes Paul II. genannt, das er beim Abschied von München im Jahre 1980 sprach: „Ich will der Einheit dienen, ich will alle Wege beschreiten, die Christus uns nach den Erfahrungen der Jahrhunderte und Jahrtausende zur Einheit in jener Herde führt, in der er allein der einzige und sichere gute Hirte ist. Ich habe die feste Hoffnung, daß die Einheit der Christen in der Kraft des Geistes, der Wahrheit und der Liebe schon auf dem Wege ist. Wir wissen, wie lang die Zeiten der Trennung und Spaltung waren. Wie lange jedoch der Weg zur Einheit dauern wird, wissen wir nicht. Eines aber wissen wir um so sicherer: Wir müssen diesen Weg mit Ausdauer gehen – weitergehen und nicht stillstehen! Vieles müssen wir dafür tun, vor allem aber ausharren im Gebet, in einem immer kraftvolleren und innigeren Gebet. Die Einheit kann uns nur als Geschenk des Herrn als Frucht seines Leidens und seiner Auferstehung in der angemessenen Fülle der Zeit gegeben werden."[20]

Diese Worte hat der Papst durch viele Begegnungen mit den Vertretern der christlichen Kirchen bekräftigt.

Dennoch muß man sagen: Den beschwörenden Worten entspricht nicht die *konkrete Praxis.*

Man hat den Eindruck, daß das nachkonziliare

Verhalten der katholischen Kirche durch das Prinzip bestimmt ist: *Bis hierher und nicht weiter.* Die im Konzil ausgesprochenen Impulse werden zu Grenzsteinen, die allen weiteren ökumenischen Schritten Einhalt gebieten.

Dies wird besonders deutlich in der Frage der Gottesdienstgemeinschaft und der *Gemeinschaft im Abendmahl,* nach der eine weltweite ökumenische Sehnsucht verlangt.

Das Konzil hat für eine Lösung in dieser Frage zwei Grundsätze aufgestellt: „Durch das Sakrament der Eucharistie wird die Einheit der Kirche bezeichnet und bewirkt."[21] Gottesdienstgemeinschaft (Abendmahlsgemeinschaft eingeschlossen) ist „einerseits die Bezeugung der Einheit der Kirche, andererseits ist sie Teilnahme an den Quellen der Gnade. Die Bezeugung der Einheit verbietet in den meisten Fällen Gottesdienstgemeinschaft, die Sorge um die Gnade empfiehlt sie indessen in manchen Fällen. Wie man sich konkret zu verhalten hat, soll unter Berücksichtigung aller Umstände der Zeit, des Ortes und der Personen die örtliche bischöfliche Autorität in klugem Ermessen entscheiden."[22]

Nach dem Konzil hat sich in der katholischen Kirche der Akzent insofern verschoben, als fast nur noch der eine Aspekt hervorgehoben wird: Abendmahlsgemeinschaft ist Ausdruck der Glaubensgemeinschaft, kann also erst Ereignis werden, wenn diese Einheit im Glauben erreicht ist. Der andere Aspekt: Eucharistie als Teilnahme an den Quellen der Gnade, die im Einzelfall Abendmahlsgemeinschaft zulässig findet, wird kaum mehr erwähnt. Und doch wäre gerade dieses Prinzip eine Hilfe in vielen konkreten Fällen. Die konkrete Entscheidung ist eine Frage des Gewissens, das die Verantwortbarkeit, die gegebene Situation und die mögliche Konsequenz sorgfältig prüft. Die Synode von Würzburg hat ausdrücklich auf diese Tatsache und ökumenische Möglichkeit hingewiesen und den Übergang „vom Schlupfloch zum Türspalt" eingeleitet.[23]

Das Prinzip Abendmahl sei Ausdruck von Glaubensgemeinschaft, also erst am Ende eines Weges vollziehbar, ist insofern bereits durchbrochen, als seit dem Konzil von der katholischen Kirche das Angebot besteht, mit den *Orthodoxen Kirchen* Abendmahlsgemeinschaft zu halten, obwohl diese Kirchen so wichtige katholische Glaubensinhalte wie Primat des Papstes, die Unfehlbarkeit seines Lehramtes und die neuen Mariendogmen ablehnen und ihrerseits zu einer eucharistischen Gemeinschaft nicht bereit sind. Man muß also fragen: Welches Maß von Glaubenseinheit muß inhaltlich gegeben sein, daß Abendmahlsgemeinschaft möglich ist? Die evangelische Kirche hat hier eine offenere Regelung. Sie gewährt jedem, der dazu bereit ist und sich innerlich dazu bewogen fühlt, die Gemeinschaft im Abendmahl. Dies ist, so wird gesagt, mit der Treue zur eigenen Kirche durchaus vereinbar.

Sollte aber mit Glaubensgemeinschaft die restlose Übereinstimmung aller Kirchen mit der römisch-katholischen Kirche samt ihren Dogmen oder kirchenrechtlichen Bestimmungen gemeint sein, wie es der Kritiker des Rahner-Fries-Buches Daniel Ols verlangt, der uns beiden die katholische Rechtgläubigkeit abstreitet[24], dann kann man Ökumene abschreiben. Denn dazu sind die anderen Kirchen nicht bereit. Es wäre für sie eine bedingungslose Kapitulation. Es ist nur eine Lösung möglich, wie sie in dem von Karl Rahner und mir veröffentlichten Buch „Einigung der Kirchen – reale Möglichkeit" enthalten sind: Eine Übereinstimmung der Kirchen im Glauben aufgrund der Heiligen Schrift, der altkirchlichen Glaubensbekenntnisse und der frühen Konzilien in einer noch ungeteilten Kirche.

Bezüglich der im Lauf der weiteren Glaubensgeschichte begegnenden Lehrentscheidungen und Dogmen, wie sie vor allem im Raum der katholischen Kirche vorgenommen wurden, soll der Grundsatz gelten: Keine dieser endgültigen Lehrentscheidungen darf von einer anderen Kirche als evangeliumswidrig verworfen werden. Das verlangt von den anderen Kirchen ein hohes Maß von entgegenkommender Bereitschaft. Andererseits dürfen die nichtkatholischen Kirchen nicht gezwungen werden, diese Dogmen für sich selbst zu übernehmen; es genügt, wenn sie zugestehen, daß solche neueren Dogmen legitime Entfaltungen des Glaubens in einer Teilkirche sind. Die Würzburger Synode hat diese Grundsätze ausdrücklich bejaht[25], ebenso Kardinal Ratzinger in seiner Beschreibung des Verhältnisses zwischen Rom und den orthodoxen Kirchen.

„Wer auf dem Boden der katholischen Theologie steht, kann gewiß nicht einfach die Primatslehre als null und nichtig erklären, gerade auch dann nicht, wenn er die Einwendungen zu verstehen versucht und offenen Blicks die wechselnden Gewichte des geschichtlich Feststellbaren würdigt ... Aber er kann andererseits unmöglich die Primatsgestalt des 19. und 20. Jahrhunderts für die einzig mögliche und allen Christen notwendige ansehen ... Rom muß vom Osten nicht mehr an Primatslehre fordern, als auch im ersten Jahrtausend formuliert und gelebt wurde. Die Einigung könnte hier auf der Basis geschehen, daß einerseits der Osten darauf verzichtet, die westliche Entwicklung des zweiten Jahrtausends als häretisch zu bekämpfen und die katholische Kirche in der Gestalt als rechtmäßig und rechtgläubig akzeptiert, die sie in dieser Entwicklung gefunden hat, während umgekehrt der Westen die Kirche des Ostens in der Gestalt, die sie sich bewahrt hat, als rechtgläubig und rechtmäßig anerkennt."[26]

Beim Katholikentag in Aachen 1987 hat Bundespräsident Richard von Weizsäcker ein Wort gesprochen, das ihm von manchen Katholiken und auch von Bischöfen verübelt wurde, das aber nach meiner Meinung einen weiterführenden Weg eröffnet und von allen Kirchen bedacht werden sollte. Dieses Wort kann Orientierung und Hilfe sein:

„Die ökumenische Bewegung hat ihre Chance

nicht dort, wo man den anderen zu sich hinüberziehen will, sondern wo man den Partner sucht, der in seinem eigenen Glauben verankert ist. Wenn die Ökumene dazu hilft, sich gegenseitig im Glauben zu bestärken, wächst sie an Glaubwürdigkeit. Es wäre ein Geschenk, wenn es uns dabei auch gegeben wäre, uns gegenseitig bei Gottesdienst und Feier der Messe als Gäste voll zuzulassen. Ein Gastrecht ist noch nicht die Einheit, die nur Gott uns geben kann. Wer aber den Gast, der nicht zur Familie gehört, aufnimmt und ihn wirklich einbezieht, greift er Gott vor? Im Gedanken der Gastfreundschaft gibt weder der Gastgeber noch der Gast das jeweils Eigene auf. In ihr wird aber das Ferne nahe, das Fremde vertraut, der Fremde wird der Nächste."

Die Frage der Abendmahlsgemeinschaft bzw. der eucharistischen Gastfreundschaft wird in besonderer Weise akut und schmerzlich zugleich in der Situation einer konfessionsverschiedenen Ehe, früher in diskriminierender Weise Mischehe genannt. Diese galt ehedem als ein sehr großes Unglück, das eine Familie treffen konnte. Deshalb wurde vor solchen Ehen in allen Kirchen ausdrücklich gewarnt. Die katholische Kirche hat sie prinzipiell verboten und Ausnahmen nur unter strengen Bedingungen zugelassen.

Trotz aller Warnungen und Verbote hat die Zahl der konfessionsverschiedenen Ehen ständig zugenommen, sie bilden heute mehr als ein Drittel jener Partner, die noch eine kirchliche Trauung eingehen wollen, sie sind fast ein Normalfall geworden. Diese Lage darf nicht nur bedauert werden, sie ist auch rein disziplinarisch nicht zu regeln. Es ist vielmehr alles zu tun, daß diese Ehen nicht diskriminiert werden, oder zu Stätten von ständigen Verletzungen und Niederlagen, oder religiöser Gleichgültigkeit oder kirchlicher Entfremdung. Inzwischen ist zwischen Kirchen kirchenrechtlich und pastoral viel geschehen, um die früheren großen Härten zu mildern. Aber es ist noch keineswegs alles getan. Eine Hilfe und eine Lösung ist nur möglich, wenn solche Ehen mehr und mehr Gestalt und Ausdruck von Ökumene werden, wo man die Gemeinsamkeit im Glauben realisiert und wo man den Verschiedenheiten mit Respekt begegnet. Die Partner können und sollen sich gegenseitig bereichern. Aus konfessionsverschiedenen Ehen sollen mehr und mehr konfessionsverbindende Ehen werden.

Daß Partner in solchen Ehen nach der Gemeinschaft in Gottesdienst und Abendmahl verlangen, ist ein Ausdruck ihres Glaubens und ihrer Liebe, keineswegs ein Zeichen des ungehorsamen Aufbegehrens.

In solchen Ehen sind die Bedingungen und Voraussetzungen gegeben, die für die Gemeinschaft in Gottesdienst und Abendmahl bestimmend sind. Daraus wird keine allgemeine und undifferenzierte Regel gemacht, sondern eine konkrete Situation beschrieben, die eine verantwortete Gewissensentscheidung ermöglicht und freigibt.

Damit könnte einem vielfachen Leiden an der Kirche hilfreich begegnet werden.

In seinem neuen Buch „Geeint im Leben – getrennt im Bekenntnis. Die konfessionsverschiedene Ehe. Lehre – Probleme – Chancen“[27] sagt P. Neuner: „Auch die konfessionsverschiedene Ehe ist Sakrament und muß darum als Hauskirche verstanden werden. Von diesem Gedanken her könnte auch auf die Frage der Kommuniongemeinschaft in *konfessionsverschiedenen* Ehen ein neues Licht fallen. Wenn nämlich Kommuniongemeinschaft und Kirchengemeinschaft, wie katholischerseits immer wieder betont wird, unlösbar zusammengehören, dann muß hier damit ernst gemacht werden, daß auch die konfessionsverschiedene Ehe Kirche ist. Auch sie ist Gestalt des Grundsakraments Kirche, auch in ihr gewinnt Kirche ihre Existenz. Die konfessionsverschiedene Ehe vollzieht Kirche, nicht Kirchenspaltung. Und für Kirche ist nach katholischer Grundüberzeugung Eucharistie unverzichtbar und konstitutiv. Diese Überlegung könnte einen Weg eröffnen, wie die katholische Kirche in voller Treue zu ihren dogmatischen Grundsätzen eine Eucharistiegemeinschaft auch in konfessionsverschiedenen Ehen und Familien für legitim erachten könnte. Denn die bleibende Konfessionsverschiedenheit ist umfangen von der Sakramentalität der Ehe zwischen Getauften, die ‚Hauskirche‘ leben. Diese ‚Hauskirche‘ verlangt nach der Sichtbarmachung auch im Zeichen des Herrnmahls, denn ohne Eucharistie kann Kirche nicht sein.“[28]

Die Grundaussage des Konzils zu einer Bestimmung von Kirche ist die Bezeichnung der Kirche als Volk Gottes. Damit ist die Engführung überwunden, die früher die Kirche von der Hierarchie her bestimmte und die Ekklesiologie als Hierarchologie verstand.

Wenn die Kirche als Volk Gottes bestimmt wird, so versteht sich die Kirche als Gemeinschaft derer, deren Glaube an Jesus Christus orientiert ist, deren Leben sich als Nachfolge Christi versteht; der Grundzug der so verstandenen Kirche heißt *Communio.*

Die Aussagen des Konzils über die Hierarchie, besonders über Papst und Bischöfe, werden der Aussage des Konzils über das Volk Gottes nachgeordnet, um damit schon optisch zu verstehen zu geben, daß das Amt in der Kirche keinen Selbstzweck hat, sondern als Gabe und Dienst in der Zuordnung zum Volk Gottes steht. Das Amt ist für das Volk Gottes da, nicht umgekehrt.

Damit ist ganz von selbst das Thema des *Laien in der Kirche* ins Blickfeld gerückt. Laie ist demnach nicht – abschätzig – der Nicht-Fachmann, der von der Sache des Glaubens und der Kirche nichts versteht und deshalb geführt und belehrt werden muß, wie es lange Zeit üblich war, und der früher einfach als Nichtkleriker, als der betreute und zu betreuende Untertan beschrieben wurde. Laie ist vielmehr ein Würdename und bedeutet Mitglied des Volkes Gottes, zu dem auch Amt und Hierarchie gehören; deshalb können sie nicht gegen das Volk Gottes ausgespielt werden.

Das Konzil spricht in verschiedenen Zusammenhängen vom Laien. Der der Reformation und den reformatorischen Kirchen bis heute so teure Gedanke vom allgemeinen Priestertum aller Gläubigen (1 Petr 2,2–10) wird kraftvoll aufgegriffen. Als Laien bezeichnet das Konzil die „Christgläubigen, die – ohne Glieder des Weihestandes und des Ordensstandes zu sein – durch die Taufe Christus einverleibt, zum Volk Gottes gemacht und des priesterlichen, prophetischen und königlichen Amtes Christi teilhaftig, zu ihrem Teil die Sendung des ganzen christlichen Volkes in der Kirche und in der Welt ausüben."[29] Die Tätigkeit der Laien in der Kirche wird nicht mehr wie früher beschrieben als Teilnahme am hierarchischen Apostolat, so daß die Laien im Grund nur der verlängerte Arm des Klerus oder der Befehlsempfänger der Hierarchie sind. Die Sendung der Laien ist Teilnahme an der „Heilssendung der Kirche selbst" in und an der Welt, an ihrer rechten Funktion, Gestalt und Ordnung. „Sache der Laien ist es, kraft ihrer Berufung in der Verwaltung und gottgemäßen Ordnung der zeitlichen Dinge das Reich Gottes zu suchen. Sie leben in der Welt, das heißt in all den einzelnen irdischen Pflichten und Werken und den gewöhnlichen Bedingungen des Familien- und Gesellschaftslebens, aus denen sich ihre Existenz zusammensetzt. Dort sind sie von Gott gerufen, ihre eigentümliche Aufgabe, vom Geist des Evangeliums geleitet, auszuüben und so wie ein Sauerteig zur Heilung der Welt gewissermaßen von innen her beizutragen und vor allem durch das Zeugnis ihres Lebens, im Glanz von Glaube, Hoffnung und Liebe Christus den anderen kundzumachen". Eine besondere Berufung haben die Laien im Stand der Ehe und Familie. „Die christliche Familie verkündet mit lauter Stimme die gegenwärtige Wirkkraft des Gottesreiches, besonders aber auch die Hoffnung auf das selige Leben. So überführt sie durch das zeugnishafte Beispiel die Welt der Sünde und erleuchtet jene, die die Wahrheit suchen." Ausdrücklich wird gesagt: „Es gibt Orte und Verhältnisse, wo die Kirche als Salz der Erde nur noch durch die Laien anwesend gemacht werden kann."[30]

Das Verhältnis von Klerus und Laien wird in folgender Weise umschrieben: „Die Hirten der Kirche sollen nach dem Beispiel des Herrn einander und den übrigen Gläubigen dienen; diese aber sollen mit Eifer den Hirten und Lehrern tatkräftige Gefährten sein." Deshalb wird auch gesagt, „die Bischöfe sollen die Freiheit, die Würde und Verantwortung der Laien in der Kirche anerkennen und fördern".

„Die Laien haben das Recht, ... aus den geistlichen Gütern der Kirche, vor allem die Hilfe des Wortes Gottes und der Sakramente, von den geweihten Hirten reichlich zu empfangen.

Das Kapitel über die Laien schließt mit den bewegenden Worten: „Jeder Laie muß vor der Welt

Zeuge der Auferstehung und des Lebens Jesu, unseres Herrn, und ein Zeichen des lebendigen Gottes sein.“[31]

Die Frage des Laien in der Kirche war Thema einer Bischofssynode vom Jahre 1987 „Berufung und Sendung der Laien in Kirche und Welt zwanzig Jahre nach dem II. Vatikanum“. Da die Bischofssynoden nur beratenden Charakter haben für eine mögliche Stellungnahme und Entscheidung des Papstes, ist die Bedeutung dieser Synode von vorneherein eingeschränkt. Das schließt nicht aus, daß es auf dieser Synode selbst zu höchst fruchtbaren Gesprächen kam sowie zum Austausch vielfältiger Erfahrungen in den Kirchen der ganzen Welt. Ausgangspunkt und Orientierung der Synode waren die Aussagen des Konzils selbst über den Laien und die Absage an eine Bestimmung des Laien als Nichtkleriker. Der Gedanke des Volkes und das ihm zugeordnete Prinzip der Communio wurde betont hervorgehoben, also eine Gemeinsamkeit, auf die alle Differenzierungen zurückzuführen sind und von der aus sie auch verstanden werden können und sollen.

Was das Konzil andeutete, hat die Synode kräftig hervorgehoben: Die Aufgabe der Laien ist der *Weltdienst,* der Dienst an den Möglichkeiten, Aufgaben und Herausforderungen, vor die sich die Kirche heute gestellt sieht; als Aufgabe des Amtes wird demgegenüber *der Heilsdienst bezeichnet.* Eine solche Unterscheidung ist jedoch nicht hilfreich, weil sie nicht zutreffend ist, sondern neue Polarisierung schafft. Es gibt keinen vom Heilsdienst abzuhebenden Weltdienst der Kirche, der durch die Laien wahrzunehmen ist – der Dienst an der Welt gehört zum Grundauftrag des ganzen Volkes Gottes, und es gibt keinen weltlosen Heilsdienst, denn dieser muß im Dienst an der Welt im Dienst an den in der Welt lebenden Christen verwirklicht werden.

Die neueste Verlautbarung von Papst Johannes Paul II. „Christifideles laici" (30. Dezember 1988) hat diese Grundgedanken aufgegriffen und eindringlich hervorgehoben. Zur gegenwärtigen Situation stellt der Papst fest, die Laien hätten sich zuviel kirchlichen Aufgaben zugewendet und zu wenig Engagement für Welt und Gesellschaft aufgebracht.

In der gegenwärtigen Praxis zeigt sich verstärkt die Tendenz, einer, wie man sagt, Erosion des kirchlichen Amtes entgegenzutreten und seine spezifische Gestalt hervorzuheben: Der Priester „kann", was kein Laie kann. Die Berührungsängste zwischen Amtsträgern und Laien im Dienst der Kirche verstärken sich. Man ist bestrebt, den Laien, besonders auch den theologisch voll ausgebildeten Pastoralassistenten und Pastoralreferenten, von den spezifischen pastoralen Gemeindefunktionen herauszunehmen und ihm gemeindeübergreifende Aufgaben zuzuweisen. Das signifikanteste Beispiel dafür ist das *Verbot der Laienpredigt* während der Eucharistiefeier gemäß Canon 767,1. Den Bischöfen wird ausdrücklich die Vollmacht genommen, von dieser allgemeinen Regelung zu dispensieren, wie sie sich in den meisten deutschen Diözesen seit mehr als 15 Jahren bewährt hatte. Die Würzburger Synode hat sich dieses Anliegen ausdrücklich zu eigen gemacht und als Petition nach Rom weitergeleitet. Sie wurde abgelehnt. Die sog. Laienpredigt während der Eucharistiefeier stellt nicht nur eine Notmaßnahme dar infolge des bestehenden Priestermangels, sondern war in den allermeisten Fällen eine wirkliche Bereicherung des Verkündigungsauftrags der Kirche, zumal wenn diese Laien, die Pastoralreferenten, eine volle theologische Ausbildung hatten. Wenn, wie das Konzil sagt, die Laien Anteil am prophetischen Amt Jesu Christi selbst haben, dann sieht man nicht ein, warum dies für eine Homilie während der Eucharistiefeier nicht gelten soll. Die These, den geweihten Amtsträgern eignet die Sendung, den Glauben mit Lehrvollmacht in der Kirche zu verkünden, den Laien dagegen die Sendung, den Glauben zu bezeugen, ist nicht haltbar. Die von der Deutschen Bischofskonferenz vorgeschlagene Lösung (Predigt vor Beginn der Eucharistiefeier mit entsprechender Hinführung durch den Amtsträger) ist das Zeichen einer großen Verlegenheit, die kaum jemand versteht oder gar überzeugt. Das von Rom verfügte Verbot ist ein Rückschritt und nimmt keine Rücksicht auf die Situation der jeweiligen Ortskirche, für die die Bischöfe die Verantwortung tragen. Ausdrücklich sei erwähnt, daß der Verkündigungsauftrag der Laien außerhalb der Eucharistiefeier bestehen bleibt.

In diesen Kontext paßt es auch, daß heute versucht wird, an der Bestimmung der Kirche als Volk Gottes Kritik zu üben. Man sagt, dieser Begriff sei ungenügend, unspezifisch und gebe nicht deren auf Christus bezogene Wirklichkeit wieder. Darauf ist zu sagen: Die Bestimmung der Kirche als Volk Gottes ist völlig adäquat, wenn gesagt wird, die Kirche ist das Volk *des* Gottes, der sich in Jesus Christus der Welt endgültig mitgeteilt hat und in ihr Mensch geworden ist.

Wenn vom Volk Gottes und vom Laien die Rede ist, dann sind damit immer Männer und Frauen gemeint. Dennoch muß noch ein eigenes Wort zum Thema *Frau in der Kirche* gesagt sein. Frauen waren von Anfang an nicht nur die treuesten Jünger Jesu: sie standen unter dem Kreuz und waren die ersten Zeugen der Auferstehung, die Frauen waren auch im ganzen Lauf der Geschichte die treuesten Mitglieder des Volkes Gottes, der Kirche.

Dennoch ist es eine Tatsache, daß viele, vor allem viele junge Frauen heute von der Kirche sich abwenden und aus ihr ausziehen. Was das bedeutet im Blick auf die kommende Generation, wird erst in einiger Zeit manifest werden: Viele Frauen finden sich in der Kirche nicht angenommen, in ihren Rechten, Diensten und Funktionen nicht angemessen gewürdigt. Das Wort des Apostels Paulus: „Die Frauen sollen in den Gemeinden schweigen. Es ist ihnen nicht gestattet, das Wort zu ergreifen" (1 Kor 14,34) wirkt bis zur Stunde nach. Zu vieles bleibt den Männern vorbehalten, es gibt Bereiche in der

Kirche, bei denen Frauen ausgeschlossen sind. Im Zeitalter der Gleichberechtigung nehmen Frauen im Berufsleben, in Politik, Kunst, Wissenschaft und Wirtschaft, so gut wie alle Positionen ein, die früher ausschließlich Sache der Männer waren. Wenn dies im Raum der Kirche nicht möglich sein soll, wenn die Funktion der Frau vor allem auf ihren Dienst in Ehe und Familie oder auf ihren Dienst als Ordensfrau bezogen wird, dann schafft dies Unbehagen, und bei manchen ist es ein Grund zum Leiden an der Kirche, die, so sagt man, die Zeichen der Zeit nicht verstanden hat.

Die Haltung der Kirche stellt sich in folgender Weise dar: Mit Worten höchster Eindringlichkeit werden Würde und Rechte der Frauen beschrieben und ihre Gleichrangigkeit im Bereich der Schöpfungs- und Erlöserordnung. Das apostolische Lehrschreiben „Christifideles laici" sagt dazu: „Was die Teilhabe an der apostolischen Sendung der Kirche anbelangt, besteht kein Zweifel darüber, daß die Frau – wie der Mann – aufgrund von Taufe und Firmung Anteil hat am dreifachen Amt Christi des Priesters, Propheten und Königs und so zum fundamentalen Apostolat der Kirche, zur Evangelisierung befähigt und verpflichtet ist. Andererseits ist die Frau berufen, bei der Erfüllung dieses Apostolates ihre eigenen ‚Gaben' einzubringen: zunächst durch das Wort und das Zeugnis des Lebens die Gabe ihrer Personwürde und sodann die Gaben, die mit ihrer fraulichen Berufung gegeben sind."

Inmittelbar darauf, ohne begründenden Zusammenhang, fährt das Schreiben fort: „In ihrer Teilhabe am Leben und an der Sendung der Kirche kann die Frau das Sakrament des Ordo nicht empfangen und somit die Funktionen, die dem Amtspriestertum vorbehalten sind, nicht erfüllen. Diese Bestimmung hat die Kirche immer aus dem eindeutigen, freien und souveränen Willen Jesu Christi, der nur Männer zu seinen Aposteln berufen hat, herausgelesen, eine Bestimmung, die das Verhältnis Christi, des Bräutigams, zu seiner Kirche, seiner Braut, erhellen kann. Wir befinden uns hier auf der Ebene der Funktion und nicht auf der Ebene der Würde und der Heiligkeit.

Wie schon Paul VI. sagte, ‚können wir das Verhalten unseres Herrn und die Berufung, die er den Frauen gegeben hat, nicht verändern. Aber wir müssen die Aufgabc der Frau in der Sendung der Evangelisierung und im Leben der christlichen Gemeinde erkennen und fördern.'

Es ist notwendig, von der theoretischen Erkenntnis einer aktiven und verantwortlichen Präsenz der Frau in der Kirche zur praktischen Verwirklichung fortzuschreiten. Man denke dabei zum Beispiel an die Teilnahme von Frauen an Diözesan- und Pfarrpastoralräten sowie an Diözesansynoden und Teilkonzilien. In diesem Sinn haben die Synodenväter geschrieben: ‚Die Frauen sollen ohne jegliche Diskriminierung auch bei Konsultationen und bei der Erarbeitung von Entscheidungen am Leben der Kirche teilnehmen.' Und weiter: ‚Die Frauen, denen bei der Weitergabe des Glaubens und bei allen Arten von Diensten im Leben der Kirche eine bedeutende Aufgabe zukommt, müssen bei der Vorbereitung von Pastoraldokumenten und von missionarischen Initiativen herangezogen werden. Sie sollen in Familie, Beruf und in der bürgerlichen Gemeinschaft als Mitarbeiterinnen an der Sendung der Kirche anerkannt werden.'"

Man wird fragen dürfen, ob die genannte Berufung auf die Praxis Jesu im Blick auf die Berufung der Apostel eine unumstößliche und für alle Zeiten gültige Norm ist, das die Frauen vom sog. Amtspriestertum ausschließt, ob nicht die damalige, inzwischen wesentlich veränderte Stellung der Frau in der Gesellschaft eine maßgebende Rolle spielt.

Es gibt heute in der Kirche unübersehbare Bestrebungen, die Frau zum Amt des Diakonats zuzulassen und eine Praxis der frühen Kirche, die weithin vergessen war, wieder aufleben zu lassen. Die Würzburger Synode hat dafür folgende Gründe angegeben.

„Viele Frauen üben in vielen Kirchenprovinzen, nicht nur in Missionsgebieten, eine Fülle von Tätigkeiten aus, die an sich dem Diakonenamt zukommen. Der Ausschluß dieser Frauen von der Weihe bedeutet eine theologisch und pastoral nicht zu rechtfertigende Trennung von Funktion und sakramental vermittelter Heilsvollmacht.

Ein weiterer Grund liegt darin, daß die Stellung der Frau in Kirche und Gesellschaft es heute unverantwortlich erscheinen läßt, sie von theologisch möglichen und pastoral wünschenswerten amtlichen Funktionen in der Kirche auszuschließen.

Schließlich läßt die Hineinnahme der Frau in den sakramentalen Diakonat in vielfacher Hinsicht eine Bereicherung erwarten, und zwar für das Amt insgesamt und für die in Gang befindliche Entfaltung des Diakonats im besonderen.

Der Diakonat ist eine eigenständige Ausprägung des Weihesakraments, die sich theologisch und funktional vom priesterlichen Dienst abhebt. Der geschichtliche Befund bezüglich des Diakonats der Frau und bezüglich des Priestertums der Frau liegt jeweils anders. Daher ist die Frage der Zulassung der Frau zum sakramentalen Diakonat verschieden von der Frage des Priestertums der Frau.

Die in unserer Gesellschaft anerkannte grundsätzliche Gleichstellung von Mann und Frau sollte auch im kirchlichen Bereich dazu führen, daß die pastoralen und liturgischen Aufgaben des Diakons und der Diakonin einander entsprechen. Falls sich trotzdem in der praktischen Tätigkeit unterschiedliche Schwerpunkte ergeben, kann das einer fruchtbaren Entfaltung des Amtes dienen. Es berührt aber nicht die grundsätzliche Gleichheit der Rechte und Pflichten."[32]

Die Synode in Würzburg hat ein entsprechendes Votum an den Papst geschickt. Es wurde bis jetzt nicht akzeptiert, aber das Problem besteht weiter. Ein bloßes Verbot ist noch keine Lösung.

Kirche als Mysterium

Statt Kirche als Volk Gottes bevorzugt man heute, besonders seit der außerordentlichen Bischofssynode 1985[33], die Bestimmung: Die Kirche ist Mysterium. Damit wird gewiß eine Grundaussage des Konzils selbst vorgestellt: das erste Kapitel in der Kirchenkonstitution „Lumen gentium". Aber der Begriff Mysterium als solcher ist ebenfalls zunächst allgemein, er muß im Blick auf die Kirche näher bestimmt werden. Mysterium im Sinn des Konzils bedeutet: Die Kirche ist „in Christus gleichsam das Sakrament, das heißt Zeichen und Werkzeug für die innigste Vereinigung mit Gott wie für die Einheit der ganzen Menschheit".

Die Bestimmung der Kirche als Mysterium wäre mißverstanden, wenn man damit die Meinung verbände, die Kirche sei etwas Rätselhaftes, Unbegreifliches, Dunkles, das menschliches Denk- und Fassungsvermögen übersteigt und dafür unerreichbar bleibt, an das man nicht rühren darf, das man nur staunend und glaubend verehren kann und das als geheimnisvolle Größe gleichsam über unserem Alltag schwebt. Kirche als Mysterium wäre ebenso mißverständlich, wenn man der Meinung wäre, daß es kraft höherer Intelligenz einmal aufgehoben würde. Der Fortschritt im Glauben und Denken besteht vielmehr darin, das Geheimnis immer tiefer zu erfassen.

Kirche als Mysterium wäre ebenso mißverstanden, wenn daraus gleichsam ein Deckwort gemacht würde, das es nicht zuläßt, daß konkrete Fragen an die konkrete Kirche gestellt werden, das vielmehr alles Bestehende und Faktische, alle Entscheidungen und Maßnahmen heiligt, legitimiert und faktisch unangreifbar macht und mit dem Mantel des unantastbaren Mysteriums umgibt. Eine so verstandene Kirche kann den Ruf nach Umkehr und Erneuerung, noch viel weniger ein Wort der Kritik ernsthaft zulassen, denn dies alles wäre ein Angriff auf die Kirche als Mysterium.

Auch Schuld und Versagen der Kirche in Gegenwart und Vergangenheit sind davon betroffen, weil sie dem Mysterium nichts anhaben können. Schuld kann es nur als „felix culpa" geben. Ein Leiden an der Kirche wird wiederum durch das Mysterium Kirche behoben.

Wenn die Bezeichnung Kirche als Mysterium also zur Fluchtburg würde, in die man sich angesichts der drängenden Sorgen, Probleme und Aufgaben zurückzieht und die man noch mit dem Flair des Unbegreiflichen und Geheimnisvollen umgibt, an dem alle Fragen abprallen, dann wäre das Wort von der Kirche als Mysterium nicht nur mißverständlich, sondern gefährlich und verhängnisvoll.[34]

Die Kölner Erklärung

Am 6. Januar 1989 wurde in Köln eine in einem kleinen Kreis von Theologieprofessoren vorbereitete Resolution „Wider die Entmündigung – für eine offene Katholizität" verabschiedet. Dieses Dokument wurde inzwischen von über 200 Theologen unterschrieben und in der Öffentlichkeit bekanntgemacht. Die Resonanz war außerordentlich groß – die Medien hatten sich der Sache angenommen –, und sie war, wie zu erwarten war, zwiespältig. Neben zustimmenden Voten – sie waren in der Mehrzahl – gab es auch Stimmen der Ablehnung. Ein Kardinal in Rom erklärte, alle Unterzeichner seien Ketzer. Kritik kam auch von seiten der Deutschen Bischofskonferenz bei allem Verständnis für die Legitimität, ja Notwendigkeit einer innerkirchlichen Kritik und mit dem wichtigen Hinweis von Bischof Karl Lehmann, daß zwischen dem pastoralen Lehramt der Bischöfe und der Aufgabe und Funktion der wissenschaftlichen Theologie ein Dialog stattfinden sollte.

Man muß daran erinnern, daß die Zusammenarbeit von Bischöfen und Theologen auf dem Zweiten Vatikanischen Konzil ein Segen war und in den Konzilstexten seinen erfreulichen Niederschlag gefunden hat. Das gleiche gilt für die Würzburger Synode.

Die Kölner Erklärung ist kein Dokument wild gewordener Rebellen oder, wie man unterstellt hat, eine Kampfansage an Papst und Papsttum. Kirche, Konzil und Papsttum werden ausdrücklich bejaht und in ihrer Bedeutung gewürdigt. Das schließt nicht aus, sondern ein, daß man zu gewissen Maßnahmen und Entscheidungen des Amtes in der Kirche, kulminierend im Petrusdienst des Papstes, kritisch Stellung nehmen darf, eventuell sogar muß. Das ist ein Dienst an diesem Amt.

Der Codex Iuris Canonici sagt dazu:

„Entsprechend ihrem Wissen, ihrer Zuständigkeit und ihrer hervorragenden Stellung haben die Gläubigen das Recht und bisweilen sogar die Pflicht, ihre Meinung in dem, was das Wohl der Kirche angeht, den geistlichen Hirten mitzuteilen und sie unter Wahrung der Unversehrtheit des Glaubens und unter Beachtung des allgemeinen Nutzens und der Würde der Personen den übrigen Gläubigen kundzutun" (Can. 212,3).

„Gläubige, die sich theologischen Wissenschaften widmen, besitzen die gebührende Freiheit der Forschung und der klugen Meinungsäußerung in den Bereichen, in denen sie über Sachkenntnis verfügen; dabei ist der schuldige Gehorsam gegenüber dem Lehramt der Kirche zu wahren" (Can. 218).

Diese Aufgabe ist primär *Sache der Theologie,* die die Kirche als Voraussetzung ihrer selbst akzeptiert, aber sich nicht darin erschöpft, die Entscheidungen des pastoralen Lehramtes einfach zu wiederholen, zu bekräftigen oder zu legitimieren. Auch die Theologie nimmt an der Situation teil, von der die Kirche bestimmt ist: Sie ist eine *theologia semper reformanda* – im Blick auf die im Evangelium als normativer Norm grundgelegte Orientierung, im Blick auf die Sendung der Kirche, im Blick auf die Geschichte, im Blick auf die Zeichen der Zeit, im Blick auf die Notwendigkeit der Übersetzung der Botschaft von einst in die Sprache und den Horizont einer jeweiligen Gegenwart. Insofern gibt es keine ewige, zeitlose Theologie (theologia perennis). Die Theologie hat deshalb nicht nur nachzudenken über das, was lehramtlich entschieden ist, sie hat auch vorauszudenken, sie muß *prospektiv* sein – dabei kann es zu neuen Fragestellungen, auch zur kritischen Reflexion kommen: aus dem Glauben, für den Glauben.

In einer bedeutsamen Ansprache hat Papst Johannes Paul II. bei seinem Deutschlandbesuch 1980 in Altötting sich vor Theologieprofessoren zur Stellung der Theologie in der Kirche geäußert. Er sagte: „Die Theologie ist eine Wissenschaft mit allen Möglichkeiten menschlicher Erkenntnis. Sie ist in der Anwendung ihrer Methoden und Analysen frei. Gleichwohl muß die Theologie darauf achten, in welchem Verhältnis sie zum Glauben der Kirche steht. Nicht uns selbst verdanken wir den Glauben, er ist vielmehr ‚auf das Fundament der Apostel und Propheten gebaut, der Schlußstein ist Christus Jesus selbst' (Eph 2,20). Auch die Theologie muß den Glauben voraussetzen. Sie kann ihn erhellen und fördern, aber sie kann ihn nicht produzieren. Auch der Theologe steht immer schon auf den Schultern der Väter im Glauben. Er weiß, daß sein Fachgebiet nicht rein historische Gegenstände oder Objekte in einer künstlichen Retorte sind, sondern daß es um den gelebten Glauben der Kirche geht. Nicht zuletzt darum lehrt der Theologe im Namen und im Auftrag der kirchlichen Glaubensgemeinschaft. Er soll und muß neue Vorschläge zum Verständnis des Glaubens machen, aber diese sind nur ein Angebot für die ganze Kirche. Vieles muß im brüderlichen Gespräch korrigiert und erweitert werden, bis die ganze Kirche es annehmen kann. Theologie ist zutiefst ein sehr selbstloser Dienst an der Gemeinschaft der Gläubigen. Darum gehören die sachliche Disputation, das brüderliche Gespräch, Offenheit und Bereitschaft zur Veränderung der eigenen Meinungen wesentlich zu ihr.

Die Liebe zur konkreten Kirche, die auch die Treue zum Glaubenszeugnis und zum kirchlichen Lehramt einschließt, entfremdet den Theologen nicht seiner Arbeit und nimmt dieser nichts von ihrer unverzichtbaren Eigenständigkeit. *Lehramt und Theologie haben beide eine unterschiedliche Aufgabe.* Darum können sie auch nicht aufeinander reduziert werden. Dennoch dienen sie dem einen Ganzen. Gerade bei dieser Struktur müssen Sie jedoch stets miteinander im Gespräch bleiben. Sie haben in den Jahren nach dem Konzil viele Beispiele einer guten Kooperation von Theologie und Lehramt gegeben. Vertiefen Sie diese Basis und setzen Sie, auch wenn immer wieder einmal Konflikte entstehen, Ihre gemeinsame Arbeit im Geiste des gemeinsamen Glaubens, derselben Hoffnung und der alle verbindenden Liebe fort."[35]

Die Kölner Erklärung wollte ein Ausdruck dieser Bestimmung sein.

In diesem Zusammenhang sei auf eine Resolution der Arbeitsgemeinschaft katholischer Dogmatiker und Fundamentaltheologen vom Jahre 1981 zum Verhältnis von kirchlichem Lehramt und Theologie verwiesen. Sie hat von ihrer Bedeutung bis heute nichts eingebüßt. Sie ist gegenwärtig besonders hilfreich und trägt zur Klärung bei.

„Die Arbeitsgemeinschaft Katholischer Dogmatiker und Fundamentaltheologen ist der Überzeugung, daß katholische Theologie als Glaubenswissenschaft nur in der Gemeinschaft der Kirche, auf der Grundlage und unter der Norm des kirchlichen Glaubens möglich ist. Dazu gehört auch die Gemeinschaft mit dem kirchlichen Lehramt. Gerade weil es heute darum geht, das Evangelium, dem das Lehramt und die Theologie zu dienen haben, im Kontext neuer Fragen und neuer Kulturen in glaubwürdiger und begründeter Weise präsent zu machen, können Bischöfe und Theologen ihre je eigene Verantwortung nur in *loyaler Zusammenarbeit* wahrnehmen.

Die Theologie kann ihren Dienst in der Kirche und für die Kirche nur in Freiheit tun. Diese im Evangelium selbst begründete Freiheit schließt Verantwortung für die Einheit und den Frieden in der Kirche ein. Aber eben um dieses Dienstes in der Kirche willen muß die Theologie frei forschen und die Ergebnisse ihrer Forschung frei diskutieren können. Sie muß Thesen und Hypothesen aufstellen, deren Wahrheit sich erst in der Diskussion herausstellen kann. Sie muß neue Methoden in Dienst nehmen und dabei der Autonomie der verschiedenen Sachbereiche Rechnung tragen. Dabei kann und muß es auf der Grundlage des einen Glaubens der Kirche zu unterschiedlichen Schulen und Richtungen kommen. Einseitige Thesen und Entwicklungen können am wirkungsvollsten durch unbehinderte sachliche wissenschaftliche Diskussion korrigiert werden.

Konflikte zwischen dem kirchlichen Lehramt und einzelnen Theologen sind immer wieder möglich und unter Umständen um der Wahrheit willen auch notwendig. Dabei kann es auf beiden Seiten zu Grenzüberschreitungen kommen. So kann es Recht und Pflicht eines Theologen werden, einen Vertreter des Lehramts zu ermahnen und zu kritisieren, wenn dieser sich theologisch unsachgemäß äußert oder unangemessen in den Bereich der Theologie eingreift. Anderseits hat das kirchliche Lehramt das Recht und die Pflicht, einen Theologen zur Rechenschaft zu ziehen, wenn er nach Meinung des kirchlichen Lehramtes die Grundlagen der katholischen Glaubenslehre verläßt oder verfälscht und damit Verwirrung in der kirchlichen Glaubensgemeinschaft stiftet. Solche Konflikte müssen von beiden Seiten im Geist der Gerechtigkeit und der Brüderlichkeit sachlich und ohne persönliche Herabsetzungen ausgetragen werden. Öffentliche Polemiken schaden beiden Seiten und dienen nicht der Auferbauung der Kirche.

Es ist katholische Lehre, daß die letzte Entscheidung in Lehrkonflikten bei den zuständigen Instanzen des kirchlichen Lehramtes liegt und daß dessen Entscheidungen auch dann beanspruchen dürfen, entsprechend respektiert zu werden, wenn sie nicht mit letzter Verbindlichkeit vorgetragen werden und deshalb grundsätzlich irrig sein können. Da aber die Wahrheit durch sich selbst überzeugen will, ist vom kirchlichen Lehramt zu erwarten, daß es solche Entscheidungen in *argumentativer Weise* vorträgt und dabei mehr auf die Macht der Wahrheit und die Kraft der Argumente vertraut als auf administrative Maßnahmen, die offene Fragen nicht aus der Welt schaffen, der Glaubwürdigkeit der Kirche aber schweren Schaden zufügen können."[36]

Kehren wir zu unserem Thema zurück.

In unserem Zusammenhang ist es vielleicht nützlich, darüber nachzudenken, daß und wie sehr *Petrus im Neuen Testament* der Kritik ausgesetzt war – am schärfsten durch Jesus selbst (Mt 16,22) und später durch Paulus beim Zusammenstoß in Antiochien, wo es um die Tischgemeinschaft zwischen Juden und Heiden ging und wo Petrus sich falsch verhalten hatte (Gal 2,11 ff). Die Kritik an ihm und seinem Verhalten hat der besonderen Funktion des Petrus keinen Abbruch getan, sondern im Gegenteil darauf aufmerksam gemacht, wieviel der Erste unter den Zwölf bedeutete und wie sehr sein Verhalten die Gemeinschaft der Gläubigen bestimmt. Die im Neuen Testament ausgesprochene Kritik an Petrus war konstruktiv, nicht destruktiv. Warum soll man die gleiche Qualifizierung nicht auch einer gegenwärtigen Kritik am Verhalten des Papstes, an bestimmten Maßnahmen und Entscheidungen, die keineswegs unfehlbar sind, zubilligen dürfen? *Papstkritik* gab es zu allen Zeiten der Kirchengeschichte, besonders auch im Mittelalter; sie wurde oft von Heiligen ausgesprochen: von Bernhard von Clairvaux, von Katharina von Siena, um nur einige zu nennen. Die durch die Reformation, vor allem auch von Luther ausgesprochene Papstkritik ging insofern weit darüber hinaus, als er nicht nur einzelne Akte der damaligen Päpste, deren Verhalten ein Schaden und ein Ärgernis für die ganze Kirche war und an der Spaltung der Christenheit keine geringe Mitschuld trägt, verurteilte, sondern das Papsttum als Institution und Instanz der Kirche verwarf und erklärte, das Papsttum in Rom sei vom Teufel gestiftet und der Papst sei der in der Bibel vorausgesagte Antichrist.

Die Kölner Erklärung ist von einer solchen Mentalität weit entfernt. Ihre Unterzeichner bejahen das Papsttum und seinen maßgeblichen Dienst an der Einheit der Kirche. Unsere Fragen beziehen sich einzig und allein auf die Art und Weise, wie dieser Dienst an der Einheit heute konkret wahrgenommen wird. Das ist eine legitime Frage und kann nicht einfach durch Behauptung und Anspruch als gelöst gelten.

Die Kölner Erklärung ist ein Ausdruck der Betroffenheit und ihrerseits Ausdruck eines Leidens an der Kirche um der Kirche willen und des Engagements für sie und ihre Glaubwürdigkeit. Interessanterweise sind die Themen der Kölner Erklärung dieselben, wie sie in dieser Analyse aufgenommen wurden, aber es bestand zuvor keinerlei Absprache. Die Themen ergaben sich einfach aus der gegenwärtigen Situation und der sie bestimmenden Praxis. Als Kriterium dieser Erklärung diente das Zweite Vatikanische Konzil und die schon einmal genannte Diskrepanz mit der Kirche der Gegenwart.

Wenn die Zeichen der Zeit ganz allgemein ein theologischer Ort sind mit der Maßgabe, diese Zeichen im Licht des Evangeliums zu deuten, dann gilt das auch und erst recht für die Zeichen der Zeit in der Kirche selbst. Das haben wir getan. Wir haben dabei keine „Unterstellungen“ vorgenommen. Wir haben auch keine pauschalen Urteile gefällt, sondern auf die genannten Themen Bezug genommen und auf konkrete Tatsachen verwiesen, die in aller Öffentlichkeit diskutiert wurden und noch immer werden und die große Betroffenheit ausgelöst haben. So ist es nicht unbillig, die Antwort darauf in der Öffentlichkeit der Kirche auszutragen.

Es ist auch nicht so, daß durch die Kölner Erklärung eine Polarisation in der Kirche entstanden wäre. Diese Polarisierung war schon längst da in der Diskrepanz zwischen der Kirche des Konzils und der Gegenwart, sie ist da in der offenkundigen Diskrepanz zwischen offizieller kirchlicher Lehre und der Praxis der Gläubigen (etwa in der Frage der Geburtenkontrolle), sie ist da durch die bestehenden Gruppierungen, wie immer man sie charakterisieren mag. Die Kölner Erklärung ist auch eine Hilfe, daß die in der Kirche lebenden Spannungen in der rechten Weise ausgetragen werden: nicht durch disziplinierende Maßnahmen, sondern durch ein Gespräch im Dienst einer gemeinsamen Sache.

Zu den Maßnahmen und Entscheidungen Roms in der letzten Zeit haben die Bischöfe im allgemeinen weithin geschwiegen, obwohl sie wissen konnten, daß bei den Gläubigen dank der heute üblichen Öffentlichkeit eine große Beunruhigung und Besorgtheit, eine existentielle Betroffenheit gerade wegen der Praxis der Ernennung von Bischöfen entstanden war. Wohin man in der letzten Zeit kam – diese Thematik stand auf der Tagesordnung und verband sich oft mit großer Emotionalität. Die vielen Kirchenaustritte der letzten Zeit belegen das. Die Zahl derer, die noch in der Kirche bleiben, aber sich von ihr distanzieren, die in die innere Emigration gehen, ist noch gar nicht abzusehen. Auf jeden Fall: die katholische Kirche hat Schaden genommen und an Ansehen und Glaubwürdigkeit verloren.

Die Kölner Erklärung war ein klares Plädoyer für das Recht und die Kompetenz der Bischöfe. Es ist verwunderlich, daß die Antwort der Bischofskonferenz darauf überhaupt nicht einging, daß sie zwar Form, Ton und Stil der Erklärung zurückwies, aber zu den ihnen zugrundeliegenden Sachfragen schwieg. Die Bischöfe suchten zu beschwichtigen und baten um die Akzeptanz der getroffenen Entscheidungen.

John Henry Newman hat gesagt, die *prophetische Funktion der Kirche* sei vor allem von den Theologen wahrzunehmen. Die Spannung zwischen Amt und prophetischem Einspruch durchzieht die Bibel sowie die ganze Kirchengeschichte. Spannungen sind deshalb nicht zu bedauern, sie sind vielmehr Zeichen des Lebendigen. Newman erklärt, daß die Theologie „all die Verstöße, die bei der Ausübung des Herrscher- und Priesteramtes aus menschlicher Gebrechlichkeit begangen worden sind, zurückgeschnitten und berichtigt hat; auch ist die Religion nie in größerer Gefahr, als wenn die theologischen Schulen aufgelöst werden oder aufhören zu bestehen. Ich sage, daß die Theologie das grundlegende und regulierende Prinzip des ganzen Kirchensystems ist."[37]

Man kann gewiß nicht sagen, daß jede Theologie beanspruchen darf, eine prophetische Funktion auszuüben. Andererseits ist zu sagen, daß es sehr wohl Theologie und Theologen gibt, in denen die prophetische Funktion offen zutage tritt. Der Theologe John Henry Newman oder Karl Rahner sind in dieser Weise zu charakterisieren. Schon zu Lebzeiten hat Rahner heftige Kritik erfahren – das hat ihn von seinem prophetischen Auftrag nicht abbringen können, den er aus Glaube und Liebe zur Kirche übernommen hatte und dem er sich verpflichtet fühlte. Es ist in dieser Stunde der Kirche kennzeichnend, daß weite Kreise in der katholischen Kirche daran sind, Werk und Person Karl Rahners zu demontieren und ihn als flüchtige oder verhängnisvolle Erscheinung abzutun, die bald vergessen sein wird.

Auf einer offenen, anonymen Postkarte an mich

bekam ich zu lesen: „Der Fries ist immer bei den Verderbern unserer heiligen katholischen Kirche. Sein Freund Rahner, der Kirchenbastler, wurde schon zur Rechenschaft geholt. Herr, befreie uns von diesen hochmütigen Theologen. Weh euch, ihr Schriftgelehrten. Es lebe der Papst." Mir wurde ein baldiger Tod gewünscht, damit die Kirche und der Papst vor mir Ruhe haben.

Es ist keine Anmaßung, zu sagen, daß die Kölner Erklärung in den Horizont des Prophetischen einzuordnen ist. Die dadurch hervorgehobene Herausforderung kann man nicht dadurch beantworten, daß man sie als lokales Ereignis einordnet – die von uns vorgenommene Diagnose ist in der katholischen Kirche auf der ganzen Welt anzutreffen –, auch nicht dadurch, daß man Beschuldigungen ausspricht, sondern nur dadurch, daß man auf der Basis eines gegenseitigen Vertrauens den Weg des Dialogs und der Kommunikation einschlägt. Es gibt immer mehr Anzeichen dafür, daß dies in Aussicht genommen ist. Dann wäre schon viel erreicht und gewonnen, und die Kölner Erklärung hätte ihr Ziel erreicht.

Das gegenwärtige Leiden an der Kirche sahen wir in der offenkundigen Diskrepanz, die zwischen der Kirche im und während des Konzils und der Kirche der Gegenwart besteht – innerhalb eines Zeitraums von etwas mehr als 20 Jahren. Gewiß, die gegenwärtige Lage der Kirche ist zum großen Teil auch von außen bestimmt, vom sogenannten Zeitgeist, vom wachsenden Säkularismus, von der vielfältig geprägten Religionskritik, vom Schwund, von der Verdunstung des Glaubens.

Aber der gegenwärtige Zustand der Kirche ist wesentlich auch von innen bedingt, von der Kirche selbst hervorgerufen, durch die Maßnahmen und Entscheidungen der Hierarchie in der Kirche, durch die Art und Weise, wie heute das Petrusamt wahrgenommen und dargestellt wird, durch die mangelnde Verwirklichung dessen, was Communio und Volk Gottes als Grundstruktur der Kirche bedeuten – durch das Zurückbleiben hinter dem, was als Hoffnung, Ermutigung und Zuversicht der Geist, die Intention und die Zielsetzung des Zweiten Vatikanums war. Es ist das Zurückbleiben hinter dem, was einmal konkrete Wirklichkeit der katholischen Kirche war und der Kirche ein hohes Maß an Zustimmung, der Identifikation und der Glaubwürdigkeit einbrachte – und was sich heute oft in das Gegenteil verkehrt hat.

Was ist zu tun?

Zunächst und zuerst: Dabei bleiben, nicht die Kirche verlassen und in die innere Emigration gehen, sonst begibt man sich jeder Möglichkeit, in der Kirche selbst etwas zu bewirken. Das Zweite heißt: nicht resignieren, sich nicht verbittern lassen, sondern glauben und wissen, daß auch die gegenwärtige Kirche eine ecclesia semper reformanda ist und als geschichtlich existierende Kirche zu immer neuen Aufbrüchen fähig ist. Wer hätte gedacht, daß der alte Papst Johannes XXIII. zu einer Erneuerung der Kirche fähig war, wie sie in seinem Konzil verwirklicht wurde? Wer mit Berufung auf die genannten Vorkommnisse aus der Kirche austritt, hat ein äußerst mangelhaftes Verständnis von ihr. Er verwechselt sie mit dem, was er bekämpft, er identifiziert sie mit Amt und Kurie und deren gegenwärtigen Maßnahmen. Er hat nicht den Glauben, der die Kirche glaubt.

Ferner gilt: An der Erneuerung der Kirche mitwirken, wo Kirche konkret begegnet: in der Kirche am Ort, in der Gemeinde, die nicht eine Filiale der Weltkirche ist, sondern Kirche am Ort, Kirche als Ereignis. Hier ist sehr viel möglich, wenn man Glaube, Mut, Liebe und Phantasie investiert. Was am Ort geschieht, zieht seine Kreise.

Man soll das Leiden an der Kirche nicht zum einzigen Thema machen und dabei die erfreulichen Aspekte vergessen: Es gibt auch heute Freude an der Kirche, als der unentbehrlichen Vermittlungsinstanz von Evangelium und Sakrament. Die Anwaltschaft der gegenwärtigen Kirche für den Menschen, für seine Würde und Rechte, ihr Engagement für Friede, Gerechtigkeit und Versöhnung, die Erhebung ihrer Stimme für jene, die keine Stimme haben. Dazu hilft und befähigt ein Blick auf die Kirche in der Dritten Welt, die die Hoffnung der Kirche von heute und morgen ist.

Es gibt die Freude an der Kirche, wenn man daran denkt, wie viele Menschen in vielen Gemeinden sich für diese Kirche immer noch und immer neu engagieren, die sich durch nichts irremachen lassen und die im Blick auf eine winterlich anmutende Kirche (K. Rahner) ihrer Hoffnung und Gewißheit Ausdruck geben: Auch im Winter wächst die Saat.

Es gibt Freude an der Kirche, denkt man an die vielen innerkirchlichen Aufbrüche, Aktivitäten und Bewegungen in der Kirche, die nicht rückwärts gewendet sind, sondern nach vorne blicken und sich auf eine Zukunft voller Verheißungen eingelassen haben.

Die gegenwärtige Situation, das Leiden an der Kirche, kann deshalb auch zu einer großen Chance und Hoffnung werden.

Anmerkungen

[1] *J. Ratzinger,* Zur Lage des Glaubens. Ein Gespräch mit Vittorio Messori, München – Zürich – Wien 1985, 98.
[2] Droht eine dritte Modernismuskrise?, in: Herder-Korrespondenz 43 (1989) 130–135, hier 134.
[3] Gemeinsame Synode der Bistümer in der Bundesrepublik Deutschland. Bd. 1: Beschlüsse der Vollversammlung. Offizielle Gesamtausgabe, Freiburg – Basel – Wien (1976) [6]1985.
[4] Ebd. 8.
[5] Vgl. *H. Fries,* Was bleibt von der Synode? in: Glaube und Kirche im ausgehenden 20. Jahrhundert, München 1979, 154–165; Beschlüsse der Diözesansynode Rottenburg-Stuttgart 1985/86. Weitergabe des Glaubens an die kommende Generation, Ostfildern 1986.
[6] Gemeinsame Synode (s. Anm. 3) 85.
[7] Neuner-Roos, 8. Aufl., Nr. 385 (= Denzinger-Schönmetzer, Nr. 3013 f).
[8] *E. Biser,* Der Spiegel des Glaubens, in: Münchener Theologische Zeitschrift 39 (1988) 229–240, hier 230; *J. Werbick,* Glauben lernen aus Erfahrung, München 1989.
[9] Denzinger-Schönmetzer, Nr. 3537–3550. – Zum neuen Eid vgl. Osservatore Romano v. 25. Februar 1989, S. 7 und Herder-Korrespondenz 43 (1989) 153 f.
[10] Gaudium et spes, Nr. 21.
[11] Zürich – Einsiedeln – Köln 1970.
[12] Droht eine dritte Modernismuskrise? (s. Anm. 2) 134.
[13] Kirche und Gewissen. Ein Brief an seine Gnaden, den Herzog von Norfolk anläßlich der jüngst erschienenen Beschwerdeschrift Mr. Gladstones, in: *John Henry Kardinal Newman,*

Polemische Schriften, Abhandlungen zu Fragen der Zeit und der Glaubenslehre, Mainz 1959, 171.
[14] Ebd.
[15] *W. Seibel,* Selbstzerstörung der Autorität, in: Stimmen der Zeit 114 (1989) 145.
[16] Denzinger-Schönmetzer, Nr. 3061.
[17] Denzinger-Schönmetzer, Nr. 3112.
[18] Denzinger-Schönmetzer, Nr. 3113–3116.
[19] Vgl. Lehrverurteilungen – kirchentrennend? I. Rechtfertigung, Sakramente und Amt im Zeitalter der Reformation und heute, hrsg. von K. Lehmann und W. Pannenberg, Freiburg – Göttingen (1986) ³1988.
[20] Papst Johannes Paul II. in Deutschland, 15.–19. November 1980. Verlautbarungen des Apostolischen Stuhls, Nr. 25, Bonn 1980, 203.
[21] Unitatis redintegratio, Nr. 2.
[22] Ebd. 8.
[23] Beschluß Gottesdienst, in: Gemeinsame Synode (s. Anm. 3) 216.
[24] Osservatore Romano v. 25./26. Februar 1985; dazu *H. Fries* in: *H. Fries / O. H. Pesch,* Streiten für die eine Kirche, München 1987, 61–67.
[25] Beschluß Ökumene, in: Gemeinsame Synode (s. Anm. 3) 780f.
[26] *J. Ratzinger,* Die ökumenische Situation – Orthodoxie, Katholizismus und Reformation, in: *ders.,* Theologische Prinzipienlehre, München 1982, 203–214, hier 209.
[27] Düsseldorf 1989.
[28] Ebd. 110f.
[29] Lumen gentium, Nr. 31.
[30] Ebd. 31.35.33.
[31] Ebd. 32.37.38.
[32] Beschluß Dienste und Ämter, in: Gemeinsame Synode (s. Anm. 3) 617. – Zur ganzen Thematik: *P. Neuner,* Der Laie und das Gottesvolk, Frankfurt 1988.
[33] Vgl. Zukunft aus der Kraft des Konzils. Die außerordentliche Bischofssynode '85. Die Dokumente mit einem Kommentar von W. Kasper, Freiburg – Basel – Wien 1986.

[34] Vgl. *H. Fries,* Kirche als Mysterium, in: „Damit die Welt glaube". Gefährdung – Ermutigung – Erneuerung, Frankfurt 1987, 249–263.

[35] Papst Johannes Paul II. in Deutschland (s. Anm. 20) 170f.

[36] Text in: Die Theologie und das Lehramt, hrsg. von W. Kern (Quaestiones disputatae, Bd. 91), Freiburg – Basel – Wien 1982, 234–237. Um die Klärung dieser Frage hat sich *M. Seckler* in besonderer Weise verdient gemacht; vgl. *ders.,* Die schiefen Wände des Lehrhauses, Freiburg – Basel – Wien 1988, bes. 105–155; *ders.* in: Handbuch der Fundamentaltheologie, Bd. 4, Freiburg – Basel – Wien 1988, 180–241.

[37] *J. H. Newman,* Die Einheit der Kirche und die Mannigfaltigkeit ihrer Ämter (Zeugen des Wortes, Bd. 3), Freiburg 1938, 26.